새로운
소식이
있나요?

추천의 글

아껴 보는 글

나에 대한 이야기,
우리 가족에 대한 이야기,
세상에 대한 이야기가 담겨 있어요.

"맞아! 나도 그랬는데." 하며 마음이 몽글몽글 따듯해지고
"이건 내가 하고 싶은 말이었는데." 하며 미소가 지어지고
"와~ 이렇게도 표현할 수 있다니." 감탄하며 읽었습니다.

옆에서 친구가 말하듯 편한 글도 좋았고,
머리를 딩~ 하고 맞은 것 같은 멋진 표현도 좋았어요.

세상을 향해 던지는 질문에 깊은 울림을 받았고,
가슴 저린 이야기에 같이 아파하며 위로도 받았고,
삶을 돌아보고 꿈을 다시 생각할 수 있어서 벅찼습니다.

저도 글을 쓰는 작가이다 보니,
책을 읽을 때 평가를 하는 못된 시선을 갖게 되었는데,
그런 시선이 생기지 않는 책입니다.

억지로 책을 쓰기 위해 만든 글이 아니라,
담고 싶고 나누고 싶은 글만 담았기에,
넘쳐난 진심이 저에게 닿았기 때문이겠지요.

이 책에서 어느 작가분이
"단 한 문장이라도 마음에 남기를 바랍니다."라고 했는데,

정말 많은 부분이 마음에 담긴 책입니다.

2024. 9. 24.
감성코치 박대선

프롤로그

Threads(스레드)에 글을 씁니다.

단 한 줄의 소식이라도 전하며, 또는 다른 이들의 소식에 답하며 매일 씁니다. 그곳에서 맺은 인연으로, 평범하지만 특별한 7인의 글친구들이 쓴 글을 엮어 일곱 타래의 소식을 전하게 되었습니다.

우리의 책이 쓰인 것은 어느 거창한 장소, 거창한 시간이 아니었습니다.
산책을 하다가, 음악을 듣다가, 그렇게 새벽을 걷다가…
밥을 짓듯 글을 짓고, 그림을 그리듯 마음을 그립니다.
때론 밤하늘을 보며 시를 지었고 때론 마음의 상처를 도화지에 그렸습니다.
어느 날엔 가족을 그리워하며 글을 썼고, 또 어떤 날엔 위로와 희망의 말을 그림에 담았습니다.
소소하고 소소한 가운데 다듬어진 작은 보푸라기들이 드디어 만나 따뜻한 타래가 되었습니다.

  머리 위 흰 눈 소복한 노인이 되어서도 햇빛 가득한 창가에 앉아, 우리의 작은 책을 읽고 있는 가슴 뛰는 상상도 해봅니다.
  부디 온기를 쥔 이 책이 여러분의 마음속에서도 사시장춘(四時長春) 삶의 온기가 될 수 있기를 지극히 바라봅니다.

  함께해 주셔서 고맙습니다.

2024년 가을
일곱 저자 드림

목
차

추천의 글 아껴 보는 글 - 감성코치 박대선

프롤로그 - 일곱 저자

석(석 @seoki_oh) 10

　　석의 타래

백진경(희다시은 @story.0704) 46

　　너에게 닿기를

유재옥(그놀빛 @jaeog663) 84

　　언젠가 빛날 슬픔

유형훈 (유후 @yoohoo_story) 118
　　정답은 너야

최휜누리 (Nuri @mango_nuri) 152
　　오늘도 숲으로 간다

박락준 (peter_pen 락준 @larkjun) 188
　　가족이라는 그 뭉클함

은리 (바이은리 @by_eunlee) 212
　　우리의 밤을 위해 속삭여요

석입니다.
밝히지 않고 읽히는 것을 목표로 쓰고 있습니다.
읽히다 문득 생각이 나는 것을 기대하며 쓰고 있습니다.
일상에서 느끼는 소소한 감정과 이야기를 씁니다.

소개를 하는 것이 서툽니다.
나를 나라고 하는 것은 어려운 일입니다.
나를 나라고 하는 것은 너무도 당연하여
아무것도 쓰지 않은 것과 다르지 않은 까닭입니다.

글을 쓰는 사람이고 당신은 나를 읽습니다.
나는 그저 글이고,
그리고 그리다 그려지는 글입니다.

뭐라고 부르셔도 상관없습니다.
부르는 대로 의미가 되겠지요.

단 한 문장이라도 마음에 남기를 바랍니다.

석

석의 타래

새벽
서시
식욕
글 마을
대청에 앉아
볕뉘
시인의 가격
어느 봄
나이 든 소년
신뢰
바닥짐
두드림
늘보의 하늘

밤
인과율
빅뱅의 계절
우주의 탄생
회색의 밤
향수의 향수
장소, 고백
자화상
장마별
죽음에 관하여
무언가를 이루고 싶은 너에게
자가진단
별 이야기
여름의 끝
바람이 불어오는 곳

새벽

서시

살아가는 것을 삶이라 하면
바람이 부는 것을 밞이라 해볼까

바깥은 추워 무거운 외투를 입지만
콘크리트 안으로 들면
어느새 거추장스러워지고 만다
우리는 늘 그래왔지
필요할 때만 찾아
물건도 사람도 다를 바 없다
나는 그러지 말아야지
나는 기필코 그러지 말아야지
다짐은 늘 현실에 지고 만다

살아가는 것을 삶이라 하면
바람이 부는 것을 밞이라 해볼까

시리고 시린 겨울날
사람이 분다.

식욕

글을 쓰고 싶니
밥을 먹고 싶니

허황된 질문 앞에
어린아이는 말했다

글을 쓰는 일로
밥을 먹고 싶어요

그건 조금 힘들지 않을까

나의 배려는
결국 소년을 울리고 말았다.

글 마을

누구든지 글을 쓰고 마음껏 읽는 곳

가을의 벼처럼 소설들이 고개 숙이고
하늘에는 별처럼 시가 박혔다
일기와 수필이 강처럼 흐르는

나는 그곳의 이름 없는 사람
우리 아무렇게나 엎드려
노트를 펴자
누군가 부르는 노래를 들으며
글을 쓰고 그림을 그리자

높음도 낮음도 없이 이야기를 나누자
거기서 각자의 나를 만난다

우리 거기 살자.
쓰는 대로 늘어나는 해와 달을 맞이하며
그곳에 살자

대청에 앉아

나에게 보이는 곳에서 놀아라

떠들어도 좋고 그냥
앉아만 있어도 좋다
나에게 말을 걸어주어도 좋고
안 걸어줘도 좋다
잠이 오면 꾸벅꾸벅 졸다가
아무도 모르게 흘린 침 한 방울
닦아낼 손수건 한 장은 마련해 둘 테니

별달리 갈 데가 없거든
곁에서 놀아라
분명 언제고 떠나는 날이 오겠지만
오래 쉬다 가주렴

작은 소원이다.

볕뉘

낮에 뜨는 달은 보았는데
밤에 뜨는 해를 본 적은 없다

달은 뜨거워도 참고 나왔는데
해는 추위를 견딜 생각이 없다

너는 죽거나 살아라
나는 더위든 추위든 견뎌볼 참이다.

선선한 가을날
꾸벅꾸벅 조는 네 곁에 햇볕이 잠시 스쳤다 가거든
나인 줄 알아라

볕뉘라더라

시인의 가격

급여를 따박따박 받는
시인은 없어야 했다
글을 쓰는 사람은 가난해야 했고
일주일 내 고민한 글 한 줄로
겨우 소주 한 병 사 먹으면 다행이었으며
주변은 내팽개치고
홀로 고고해야 했다

시대가 변했음에도
아직 남아

줄줄 늘어놓았지만 그저
편견에 대한 이야기다.

멋이라고 생각했는데
정말 멋없다.

어느 봄

이제는 거의 끝나버린 봄

그래도 아직 살랑살랑한 햇살
오랜만에 창가에
커다란 청록색 빈백을 놓고
좋아하는 책을 들었다

몇 페이지 넘기지도 못하고
스르르 잠들고
책은 툭.
어느 페이지까지 읽었는지도 모르고

좋아하는 문장만 계속 읽던 날이 있다
햇살은 여전히 곁에 머물고
몇 번이고 책을 떨어트리던 오후
그날의 평화

나이 든 소년

나도 나이가 들어갈 거야 어제처럼 어렸던 날들을 지나

나무로 만든 책상에 엎드려 꿈을 꾸던 시절이 있었다
떨어지는 낙엽에 흔들리던 날
여름밤의 꿈처럼 순식간에 지나가 버린 계절
사막 같은 시간을 거쳐

거칠어진 나를 누군가는 또 손가락질하고
어린 나에게는 미안하게도
아직 제대로 어른이 되지 못했다

나이가 들어간다고 지혜로워지는 것은 아니었고
그저 더 많은 꿈을 꾼 사람이었고
완결 짓지 못한 이야기가 늘었다.

검은 잉크로 눌러 쓴 이야기가 끝나면
백발의 노인은 그제야 낡은 나무 책상에 엎드려
낮잠을 잔다

신뢰

건조한 말투로 담담하게
천둥 번개를 동반한 소나기가 내린다더니
나는 그 소식만으로 방에 갇혔다

텅 빈 하늘을 가르는 빛
나는 안전한 곳에 숨어 너를 본다

푸르고 푸르고 흰 갈라진 직선
곧 고함을 지르는 밤
그 약간의 시간차로 너를 듣는다

나는 멀찍이 떨어져 나의 안위만을 생각하고
시끄러운 세상 따위 창문을 닫고
아직 아물지 못한 마음만 생각하고
담벼락 아래 피었을 꽃 한 송이만 생각하고

나는 멀찍이 떨어져 나의 안위만을 생각하고

곧 비가 그칠 것이다.
빛도 소리도 조금만 견뎌내면

분노를 멈추고 평온을 찾을 것이다

내리는 비를 맞으며 허공에 고함을 질러대던 날들과
안전한 곳에 숨어 몰래 훔쳐보는 날들과
말갛게 고개를 내민 해의 얼굴을 마주하는 날들과

시끄러운 것은 언제나 내 마음이지
아무렴

바닥짐

바닥짐을 쓰라고 하여
일단 네이버 검색
이제 무엇인지 아는 순간부터
그리고 균형

우주를 비추는 시커먼 바다
나는 그 위를 떠다니는 조각배
무거운 짐은 애초에 싣지 않기를

달 조각으로 만든 노를 쥐고
이리저리 부유하다 풍랑을 만나
마침내 끝없는 심해 속으로 가라앉고야 말
한 줄기 빛

차라리 모든 짐을 바다로 던지고
거꾸로 떨어져 우주로 나가버리자.
반드시 그렇게 될 짧은 시
쓸 사람

두드림

올해는 유독 비가 잦은 기분이다

모든 창문을 꼭꼭 닫고
바닥에 아무렇게나 누웠다
해는 하루 종일 없고
별도 없고
구름 따위에 가려진 우주.

창문을 닫아 놓았더니
비는 소리가 없이 내린다
우주를 가린 구름처럼

작은 창 하나 닫았다고
세상이 조용하다

마음 하나 닫았다고
우리가 참 조용하다

늘보의 하늘

앞으로 앞으로
한 걸음씩
나아가고 있다고 생각했다

주변은 잘 보이지 않았고
누군가 남긴
발자국만 보며

그렇게 한참을 걷다
발자국은 끊겼고
나는 잠시 주춤했다

이내 정신을 차리고
하늘을 올려다보니

모든 곳이 길이었다.
남의 발자국이나 쫓기에는
세상은 너무 아름다웠다

밤

인과율

마지막 문장을 먼저 정하자

현대 과학에서
과거로 가는 것은 불가능하다는데
나는 어제를 쓰며 과거로 간다
거기서 잠시 살고
어떤 날은 좀 오래도 쉬고

앞만 보며 앞으로 가야 한다는데
나는 동시에 옆을 보고 위를 보고 아래를 보고
동시에 뒤를 돌아보고

결과를 미리 알고 쓰는 원인
인과율의 위배

우리가 싫어하는 무논리 혹은 어긋난 진리
그 모든 것을 아우르는 마음껏 뒤틀린
시. 공간

빅뱅의 계절

수많은 별의 탄생과 소멸
인간의 태동과 생명
빅뱅은 아마도 겨울이었다.

잔뜩 웅크린 생각들
봄이 오면 꺼내려 꼭꼭 숨긴 사랑
끝없이 팽창할 이야기일까

너는 봄을 기다리고
나는 오히려 너의 계절을 한참 앞서서 쓴다
너는 한발 늦어 사랑을 말해라

사랑 따위 언제나 타이밍은 맞을 리 없어
내가 죽고 나서 나를 사랑하게 된들

저 멀리 우주로 나가서 바라보면
크게 어긋난 것도 아니지 않나
빅뱅은 아마도 겨울이었다

우주의 탄생

나는 나라는 자각도 없이 헤엄을 쳤다
최초의 유영
우주였지
목적지를 정한 적은 한 번도 없었다

나는 무언가 되려고 하지도 않고
어딘가 가려고 하지도 않고
어떻게 해볼까 하지도 않고
둥둥 떠다니는 행성 아니면 위성

태양의 끄트머리를 지나고
이름 없는 소행성의 곁에도 머물렀다가
끌어당기는 모든 것들의 영향을 받았다가
결국은 블랙홀 앞에서 머뭇거렸다

이제 이곳을 지나면 나는 영원히 정지할까
나의 뒷모습을 누군가 따라오고 있었을까
영원과 찰나는 무엇이 다른가

여행이 끝나는 순간 나는 무언가 알게 될까

머릿속은 선명하게 새까맣다.
가끔 반짝이는 것이 우주와 같다

회색의 밤

보드라운 것
쓸모는 찾을 수 없다만

손가락으로 스윽 훑어보는 창틀
커다란 텔레비전 위
리클라이너 소파 아래
향기도 없이 그리움이 널브러졌다

옷감에서 떨어져 나온 가느다란 것과
우주 끝에서 날아온 것과
너의 흐트러진 호흡에서 전해진 것과

청소기를 돌려 한곳에 모으니
회색 덩어리가 진다
그래. 그리움은 회색이었지

향수의 향수

향기는 예측할 수 없는 곳으로 나를 데려간다

이제는 이름도 기억 안 나는
로드숍의 향수를 시절로 기억한다
오래 사랑하던 여인의 얼굴로
혹여 스칠까 부자연스럽게 흔들던 손으로
날씨로
따뜻했던 봄날의 긴장감으로
시답잖은 농담으로
반지하 분식집의 떡볶이가 맛있었지.

밤새 내린 비에 꽃잎으로 엉망이 된 캠퍼스와
술에 취해 더 엉망이던 나와
혀를 차며 내 옆에 앉아있던 사람과
달
별
이제는 눈을 감아야만 보이는 것들을 위하여

장소, 고백

옥상을 좋아한다
오늘처럼
계절에 맞지 않게 쌀쌀하거나
원래 비좁은 방이 더 비좁다거나
오히려 세상처럼 넓어 보인다거나
구석에 웅크리기에 뭔가 아쉬우면
특히

옥상에는 별달리 의자가 없다
나는 옥상 한편에 쭈그리고 앉아
양 무릎을 감싸고
이따금 맥주 한 캔을 홀짝홀짝 마시거나
별도 없는 하늘을 보거나
아무 말도 없거나
하고 싶은 말이 너무 많거나

좋아하는 이유도 없는 것을 좋아하는 것을
억지로 만들어 낸 이유보다 좋아한다.

그래야 내가 나인 것 같아

우리가 모두 별에서 바스러진 흔적 같아
지금 보이는 검은 우주를
혼자 보고 있는 것 같지는 않아

좋아한다

자화상

내가 어떤 사람인지 궁금하다고.
함께 우리 집으로 가자

여기저기 취향이 아닌
가구들을 둘러봐도 모르겠다면
조금 좁지만 내 방으로 가자

미처 정리하지 못한 책더미를
침대 밑으로 대충 밀어버리고

방 가운데 커다란 이젤을 놓자
나는 나를 그릴 텐데
반대편에 앉은 나는 무엇을 그리려나

영영 완성되지 않는 그림을 그리다
새벽이 오면 나는 몰래 나가서
별을 좀 올려다볼까

텅 빈 방에 홀로 두고 온 나는
밤새 무슨 생각을 했을까

곧 아침이 오면 우리는
서로를 알아보겠지

장마별

비가 온다
기다리던 사람들에게

나는 그닥 기다린 적이 없어
내린다고 한다
오늘은 대신 별은 없겠지
내리는 것은 별인가

나는 오늘 밤에도 옥상에 올라갈 작정을 한다.
까만 우산을 들고 어제처럼 옥상 구석에 옹송그리고
주룩주룩 내리는 별을 볼 것이다

모두 비라고 말하겠지만
나는 별이라고 하고 손바닥에 가만히 올려두련다

죽음에 관하여

너는 죽음을 생각해 본 적이 있나
나는 있다

죽을 것 같다가 아닌 죽음
죽고 싶다가 아닌 죽음
나는 죽음에서 태어났나
내가 없었던 날은 죽음인가
태어나고야 비로소 죽음이 있나

죽고 나면 어떻게 될까 말고 죽음
남겨진 사람들의 마음 말고 죽음
나는 이왕 태어났으니 죽음을 향해 똑바로 걷자.

비틀거리지 말고 제대로 죽어가자
마주하니 마침내 또렷한 생

무언가를 이루고 싶은 너에게

준비하던 시험을 통과하는 일이나
그럭저럭 다닐만한 회사에 입사하는 것
돌이켜 보면 단번에 되는 일은 거의 없었다
네가 보기에 나는 꽤 여유로워 보였겠지만
매번 발표를 기다릴 때면 숨이 막혔다
이번엔 꼭 될 것이라는 격려는 사실 전혀 와닿지 않았다
나는 입꼬리를 올리고 눈썹을 떨지 않으려 안간힘을 썼다
내가 평온하지 않으면 함께 울 것 같았다
절실할수록 나는 더 절실하지 않은 척했다
열심히 하지 않은 나의 노력만 저주하면 그뿐이었다
말하지 못했을 뿐
나는 실패가 삶을 벼랑으로 밀어 넣을 것이라고 생각했다
그리고 나는 지독하게도 자주 실패했다

그래서 알았다
준비했던 것을 시도하고 실패한다는 것이
삶에 전혀 부정적인 영향을 주지 않는다는 것을

그냥 어제보다 조금 더 나은 네가 있다
극적인 변화는 의외로 네가 덜컥 성공해 버린 후에 온다.

마음을 조금 편하게 가지고
지금은 하고 싶은 것을 하자
책을 읽고 음악을 듣고 잠에 들자

자가진단

하나도 아프지 않고 지나가는 날은 없다

감기나 혓바늘
책상다리에 부딪힌 정강이
문지방에 찧은 새끼발가락
이상한 생각을 하다가 문득

하나도 아프지 않고 하루를 보낼 수 있을까

침대에서 꼼짝도 하지 않았더니
허리가 아프다
멍청함에는 대가가 따른다

우리는 원래 좀 아프다
참고 살기도 하고
울기도 하고
그렇게 산다.

모두가 아프다고 너의 아픔이 가벼워지겠느냐마는
혼자만 아픈 건 아니라고 생각하자
좀 낫더라

별 이야기

여행을 가면 항상
저녁 식사 후
숙소 주변 골목을 걷는 것이 좋았다

손을 잡고 걸었던가
조금 거리를 두었던가
별 얘기도 아니지만
아니 별 얘기였던가
반짝거린 기억이 있어
아마도 별 얘기였나보다

그냥 우리가 빛나더라는 이야기.

여름의 끝

이번 여름은
또 어디로 나를 데려갈까

피할 곳 없는 해나
부글부글 끓는 아스팔트
잠 못 들게 하는 날벌레

한여름 어디서나
볼 수 있는 절망들 사이
도로 끄트머리 즈음 잠시 만날 느티나무 그늘에
네가 있을 거라 생각하니
나는 발갛게 달아오른 맨발이라도

생각보다
우울하지 않다.

여름의 마지막 밤에서야
드디어 너에 대해 쓴다

바람이 불어오는 곳

바람이 분다
준비한 외투도 없이 셔츠 한 장을 달랑 걸치고
어제와 다를 것 없는 자리로 간다

바람이 시작되는 곳
바다 한가운데 누구의 시선도 닿지 않는 곳
지구 반대편 누군가의 한숨
총과 칼 아이들의 울음
어머니의 걱정
나는 영원히 짐작할 뿐인 시작

네가 아 바람이 분다
말하는 순간 소리 내고 쓰면 거긴가 보다
분명 그런가 보다

바람이 차다.

나는 내 자리라고 정해진 곳에 생각도 없이 앉았다

오늘의 의도

시간은 흐릅니다.
우리의 기억은 무뎌지거나 사라집니다.
지났거나 떠났거나 잊었거나 잃었거나
연연한 사랑과 혹은 사람으로
폭삭 주저앉았던 검은 재를 잊지 않기 위해
기록합니다.
스레드 소중한 7인의 실타래로
생각지도 못했던 일생의 사건을 경험합니다.
함께해 주셔서 고맙습니다.

나를 아는 당신 혹은 나를 모르는 당신께

백진경

희다시은 @story.0704

너에게 닿기를

기억하고

지구
나는
모순
시를 마실 테다
따뜻한 물에 손을 적시자
당신의 무엇
마녀의 피는 설탕 맛이 나지
밥풀 꽃이 된 며느리
눈을 감고
글을 쓴다는 것은
가벼운 것들
이야기

기억되고

기억하고 기억되고
어떠하다의 하루
밤새
오늘의 작정
빈집의 메아리
볼품없는 사람
감은 눈동자
뜨거운 기억니은
이름이 이름에 혹은 무명에
달빛 고백
동백꽃
그 사이
어쩌다 너를
회색 콘크리트
내이름을 불러주세요

기억하고

지구

창백한 푸른 점
어쩌다 이걸 알게 되었나

나는

나는
끊임없이 반복해야 하는 사람
언제나 배워야 하는 사람
배운 것을 움직여야 할 사람
지리멸렬 거듭되는 환멸 실족 낙오에도
너의 뭉클함으로
씻어내야 하는 사람

희다
처음이 만진 사람

모순

너는 모순이야
나도 늘상 모순이지
모순과 모순이 부딪히니 무슨이 되네
뭐 그리되네
모순은 나를 자주 울컥하게 만들고
자주 나를 승복시키지

눈물방울 방울 뚝뚝 떠러지네
뚝뚝 떠러지네
그 우주적 일 점들이

시를 마실 테다

목이 마르면
시를 마신다

싱싱하게 물결치는 은어를 찾는다
아 살아 있는 것

설레는 입맞춤을 뒤로하고
주섬주섬 앞섶에 주워 담는다

팔딱팔딱 뛰는 은유
빛나는 꼬리

얼긴 사이로 떨어진 비늘 하나
아 아까워라

오늘도 내일도
목이 마르면
시를 마실 테다

따뜻한 물에 손을 적시자

이 비 너머엔 뭐가 있을까
우적우적 샐러드를 씹으며

날씨에 구애받지 않겠노라
햇빛 좋은 날 다짐했건만
그날은 햇빛이 좋았으니까

있긴 뭐가 있어 여름이 있겠지
희미해지는 봄이
부디 나를 잊지 마
뒷모습으로 울고 있겠지
다시 오지 않을 5월과 6월

양동이 내 온나
따뜻한 물에 손을 적시자
처량한 비에 마음이 폭삭
문허-지기 전에

당신의 무엇

옷을 갈아입어요

물잔의 물을 채워요

돌아가는 환풍기는 잠시 꺼두어요

의자를 끌어당기고

탁자 위의 물건들을 한쪽으로 밀어요

다시 한번 읽어요

읽고 또 읽어요

알다가 모를 순색의 단어 앞에서 하-

얕은 숨을 깨물어요

물잔의 물을 다시 채우고 의자를 끌어당기고

허리를 곧추세우고 그사이 두 볼은

무안한 짐작으로 상기가 되고

나는 다시 읽어요

읽고 또 읽고 거꾸로 읽고 바로 읽고 소리 내어 읽고

탁자 아래 가릉 가르릉

고양이 숨소리만 달아지는 새벽

숨죽여 읽다 들킨

그것은

당신의 무엇인가요

마녀의 피는 설탕 맛이 나지

빗자루를 타지는 않아요
가끔 리듬을 타요
주로 감정을 타는 오락가락 갱년기 마녀

크고 아름다운 우주야
곧 달팽이를 몰고 장마가 온단다

긴 장마에는 큰 모자도 소용없지
빵과 쿠키를 구울 테니
맛 좀 보련
사랑을 담았단다
그 안에 초록빛은 슬쩍 눈을 감아다오
피치 못하게 흘린 마녀의 무엇이란다

다행히 마녀의 피는 설탕 맛이 나지

밥풀 꽃이 된 며느리

씨가 춤을 춘다
날아다니는 밥풀 꽃 데려다가
씨 옆에 자그마하게 묶어준다

맺힌 연이 희미하게 아주 흐릿하게
몰라보고 수줍게

밤이 되면 호랑이 같은 비가 쏟아진다는데

뿌리도 미처 내리지 못하였을 텐데
희미한 연은 이제 흔적도 없어질 텐데
사나운 날의 연속에서 잊어갈 텐데
맹세도 씻겨갈 텐데

너는 나쁘고 나는 슬프고
나는 나쁘고 너는 슬프고
뭐가 이렇게
복잡하게 잊혀갈 텐데

눈을 감고

햇빛 부스러기가 벤치 위로 듬성듬성 걸쳐 있다
노곤해진 니스칠 위로 엉덩이를 옮긴다
눈을 감고

아랫목 까맣게 잘잘 끓던 그 자리 같으려나
윗목엔 고구마 부댓자루가 사람을 제치고
자리한채 어느 하나는 썩어나가지

한숨 소리 푸석푸석 썩는 소리
그 와중 누구는 싹이 트는 소리 깔깔
고요하고 어지럽다 작은 골방

두서없이 밥을 먹는 소리
장을 뜨는 쩝접 소리
풋고추 경쾌하게 터지자
씨앗 날아가며 씹히는 소리

밥 먹을 땐 고개 들어라
어디 가서 고개 숙이지 마라
감빡깜빡 형광등 박자 맞추는 소리

괘종시계 댕댕 소리
8시 저녁 뉘우스 알리는 소리
벽에 걸린 거대한 숫자 달력
오늘이 다 갔네 아쉬워하는 소리

나무 냄새 오래 나는 오래된 앉은뱅이책상
묵직하게 벌레 먹는 소리
벌레 따라가면 동무들아 편지 쓰는 소리
있는 빨강 파랑 검정 삼색으로
용케 무지개 만들어 내는 소리

자거라 전기 다 샌다
그만 탁 전등갓 내리는
무정하고 어두운 소리

글을 쓴다는 것은

우박같이 굵직한 비가 쏟아지면
냅다 밖으로 뛰어나가는 여자가 있습니다
그녀는 천둥과 번개를 사랑해 마지않습니다

일시에 퍼지는 번개의 불꽃놀이에
천둥의 오로라는
맹렬히도 푸른빛이 되었습니다
이해할 수 없는 세계가 건넨
비밀한 이야기를 듣고 말았습니다

차마 말할 수 없는 것들을
비에 와-와 쏟아냅니다
온전히 받아들인 세계가 너무 신비로워
결국 남은 건 사랑이야 라고 깨닫습니다

글을 쓴다는 것은
단 한 번 푸른 천둥 번개를 만나
일생을 다하는 경이로운 일
마음을 다하여 사랑하는 일
내가 울면 네가 와서 위로하는 일

너는 쓰고 나는 위로하는 일

결국 남은 건 사랑이야 깨닫는 일
이 밤
너에게 닿을 유일한 일

가벼운 것들

늙은 여자만 할 수 있는 것이 있지
과거를 회상하는 진짜 마음
그건 진짜야

질투에 몸부림치는 그 맛은
젊은것들은 감히 맛볼 수 없는
진짜란 말이야

다 지나온 눈밭인데 꽃밭처럼 그립지
그리우면 뭐 해 녹은 밭인데

질척질척 무릎까지 치켜든 장화에도 차오르는 소나기야 뭐야
맹목적인
가슴 기피 차오르는 진짜 그게 뭐야 어 뭐야

재지 못할 인생의 각도야 뭐야
평평하다 180도
쓸쓸한 산을 네 개나 넘어야 하는
쓸쓸하다 죽을 고독이야 이야 뭐야 이거
결국 죽는 고독이구나 너

오늘은 검은 셔츠에 검은 플레어 스컷
허리는 질끈 동여매 보고
뱃심으로 살아야지
버려지는 것들로 입가심도 한번 해보고
살이 될지 피가 될지

진짜는 아무도 모르는 것
그래서 살게 되는 것
알기 위해 치열하다 모르고 죽는 것

난 주장한다
솔직하다 그 죽음
내일이면 기지개 한 번에 날아가 버릴
가벼운 것들

이야기

친구야
우리 겨울 한가운데에서 만나 따뜻한 술 한잔 기울이자
살짝 취기가 올라오면
그동안 하지 못하였던 이야기
이부자리에 얼굴을 묻고 숨죽였던 이야기
눈을 밟던 발자국의 사랑스러움에 관한 이야기
겨울밤 코끝 시린 북새 바람과
모든 별자리의 별들에 관한 이야기
너를 이해해서 좋았던 내 마음의 이야기
쓴 뿌리가 아니라 씨앗이었던 이야기
겨울 감나무의 마지막 연시를 바라보던 마음의 이야기
계절마다 스며든 상실의 이야기
삶의 책임에 대한 지난한 이야기

가만히 듣고만 있는 사랑스러운 너의 눈동자
턱을 괸 보드라운 두 손

바깥은 우수수
별빛 같은 눈이 내린다

기억되고

기억하고 기억되고

머리를 쓸어올리고
한쪽 손은 뒷짐을 진
네 손을 쓸어 담아
내 가슴에 가두고
세포 하나하나에 새기고
기억할 때마다 꺼내어 먹고
잊지 못하고
죽고

어떠하다의 하루

떠나다의 동사는 사실
내 마음이 아니라서
아무리 벗어나려 해도
제자리로 돌아오는 검은 화차처럼
또는 질긴 동사처럼

담담한 목소리
차라리 저 화차에
몸을 던져버리고만 싶던
그래 미련맞았던

낡아빠진 형용사
흉흉한
무엇이 어떠하다의 하루

밤새

네가 나를 보러 오는 날은 일 년 중 하루
나에게 너무 가혹한 것 아니냐
그마저도 어느 낮에 어떤 밤에 올지
나는 모른다
밤새 꿈에 취해
네가 다녀간 줄도 모르고
깨어
멍청한 나의 뺨을 후려친다
울지 마라
생겨먹은게 그러니

오늘의 작정

우리가 첫눈을 약속했던가 아닌가
당신의 발에 포개어 걷는 내 발에
무슨 의미가 있으랴
있다 한들 짐작이나 할 수 있을까
실상
첫눈은 1월에 내렸고
오늘은 단지
당신을 보고 싶은 나의 작정
걷는 이는 둘인데
발자국은 하나인 오늘의 작정
걷다 보면 나오는
눈 쌓인 나뭇가지라든지 눈사람이라든지
평범한 사람들이 기록해 놓은
기적 같은 하루를
더 기적 같은 당신과 나의 첫눈에
굳이 사랑이라는 느낌표를 남기는
오늘의 작정

빈집의 메아리

보고 싶다
보이지 않는 당신은

빌어먹을
얼마나 애처로운 낱말인지

당신의 눈 볕 끝에
대롱대롱 매달린
빈집의 메아리 하나

괜찮아요?
네 괜찮아요

볼품없는 사람

더 이상 내가 궁금하지 않다고
너는 문을 탁 닫았다

그 물가는 어두웠고
멀리 못 나간 수제비는
퐁당퐁당 두어 번에
물속으로 침잠한다

잊혀가는 사람이지만
볼품없는 사람이지만
그렇게 쭈그려 앉아 있는 건
참 서러웠다

감은 눈동자

둥그렇게 나를 감싸는 몸
촉촉한 귓가의 숨
내 발끝에 닿는 네 발끝의 온기
점과 선 점 선 점 선

활짝 핀 보드라운 초록색 융단
솜솜솜 따뜻한 보푸라기

당신의 눈두덩이를 어루만진다
첫째 마디를 따라 흐르는 옅은 진동
속눈썹은 떨리고
감은 눈동자의 가물가물 움직임은
사랑스럽고도 설레라

아
따뜻하고 둥그런 어둠이여

뜨거운 기역니은

뜨거운 말이 좋습니다
낱알 낱알로 흩어지는 그 뜨거운 기역니은이
나는 좋습니다

생각이 생각 생각이 또 생각
아프게 하는 건 또 생각
사랑을 하는 건 생각입니다

굽혀지지 않는 손가락으로
생각을 주워 듭니다
발딱발딱 요 앙탈쟁이
귓가에 대고 조용히 속삭입니다

이젠 놓지 않을 테야

자꾸 흩어지는 낱알들을 그러모읍니다
진주처럼 빛이 나는 주머니
언젠가 와르르
당신 앞에 쏟아버리겠다고

이름이 이름에 혹은 무명에

은밀한 잔치는 하도 밀하여서
함부로 곁을 주지 않습니다

당신의 이름이 되고 싶었습니다
또박또박 한 글자 한 글자
당신께 불리우는 글자가 되고 싶었습니다
당신의 살결이 스친 종이의
팔꿈치 한쪽이 되고 싶었습니다
나를 향한 그것이 아닌 글자라도 이름이 되어
안부가 되고 그리움이 되어
끝엔 당신의 사랑이 되고 싶었습니다

웃는 코가 무척 닮았습니다
그저 그런 가사처럼
님이라는 글자에 점 하나 찍으면 남이 되는 세상

당신은 코끝 점이 되어
날아가 버렸습니다

달빛 고백

달 피는 새벽
신작로는 낮 열로 잔잔하고
나는 맨발로 걷고 있고
혀로
달큰하디 바람이고
바닥에선 아카시아 잎이 풀 죽어 올라오고
그리하여 초록 피 향긋하디

너야 노나 같이 걷자
같이 맨발로 같이 걷자
걷다 스치우는 새끼 발고락 보송보송 솜털에
화들짝 놀라 혼미하고
그래 같이 걷자

이미 가진 것
내려와 우리 옆에 다다른 것

은연한 달빛이디
나의 고백이지

동백꽃

동백꽃 한 송이
우울한 심장에 터트리면

혈관을 타고 타다
두 뺨을 물들이고
정수리 끝에 가서
동백꽃으로 다시
피어나겠구나

그 사이

사랑이 사랑하는 사이 그 사이
사랑이 가만히 웅크리는 사이 가만히 납작해지는 사이
가만히 끼어 있는 사이 없어지는 사이 죽어가는 사이
문틈으로 비스듬히 문틈으로 그곳은 분명 벽이었는데 문틈으로 빛이 스미는 사이
실눈이 감박감박 세모로 떠지는 사이 눈동자가 동그래지는 사이 또렷해지는 사이 더듬더듬 바닥에 닿는 사이
부딪힌 빛이 눈동자로 스미는 사이
스민 빛이 별이 되는 사이 스민 스민 스민
가열되는 사이 달아오른 사이
벌떡
그림자가 몸을 세운 사이
가만히 바라보는 사이
그곳은 분명 벽이었는데
그림자와 빛이 지나간 사이

알록달록 커다랗게 부푼 몸
까바요
사랑밖에 없어요

어쩌다 너를

어쩌다 너는 나를 만나서
잣 같은 내 시에 빠져서는
나가지도 못하고 죽지도 못하고

언제 한번 나를 위해
달려와 본 적은 있었나
문 앞에 쪼그리고 앉아
울어본 적은 있었나
읽지도 않을 편지
부쳐본 적은 있었나
아 한 번이라도 애지중지 그 눈 가득
나를 담아본 적은 있었나

얼마나 사랑했는지
너는 그걸 아는지

어쩌다 나는 너를 만나서
가지도 서지도 못하는 사막 한가운데에
오도카니 서서
하필이면 오늘 별빛 가득히

이다지도 숨이 막히나
목젖을 타고 내리는
얼음알갱이처럼
촤르르
닿으면 목구멍이 터질 듯
상처는 곪아도
제공자는 없는 것처럼

너는 한 번도 불러본 적 없는
이름처럼
시종 새것 같은 이름처럼
저기 하얗게 떨어지는 꽃잎처럼
꽃잎처럼 이리저리 떨구어지는
고개처럼
고개처럼 들지 못하는 어떤
죽음처럼

빗속에 푹 잠겨
아아 노래만 생각하는
그날의 어지러운 태도처럼

회색 콘크리트

회색 콘크리트 벽과 우리 방의 창문 간격은
채 30센티가 되지 않았습니다

엄마의 집은 단칸셋방이었고
돌고 돌아
비로소 그녀와 치열한 생을 함께합니다

어느 밤 빗소리가 좋아 창문을 활짝 열었습니다
시원하게 펼쳐진 초록 전망까지는 바라지 않았습니다
눈앞에 펼쳐진 건 회색 콘크리트 벽이었고
손을 뻗으니 닿았습니다

이상했습니다
벽과 벽 사이가 이렇게 가깝다니
비에 젖어가는 회색 콘크리트를 바라보며
연애편지를 썼습니다
좋다고
벽이 너무나 가까이 있다고
그래도 좋다고

주체하지 못하는 마음을 담아
편지를 썼습니다
결국 그 편지는 부쳐지지 못했습니다만

가장 치열했던 시절
외딴 그 방에서 저는
사랑을 했습니다

내 이름을 불러주세요

새벽을 버무리다
3시를 버무리다
버무리다 버무리다
배추겉절이 양배추 느타리버섯 오이
엉망이잖아요
당신 거라고 그래 말하지 말아요
숨 쉬듯 한 입 꺼이꺼이
초롱 만두가 먹고 싶어요
앙 한입 베어 물어요
보고 싶다는 말이에요
초롱초롱 어떤 눈빛
그리고 소리 내 울던 또 어떤 여자
보고 싶다는 말이라구요
새벽이 되면 꾸덕꾸덕
뻘이 되는 뻘 같은 글
멋대로 굴러다니다
바삭 재가 되고 마는 진흙 같은 뻘글
이제 내 이름을 불러주세요
열렬한 그리움이 여름이 되기 전에

'그림자를 피하지 않고 아이처럼 노닐며
빛을 마음껏 발하는 삶이길'

진한 그림자는 밝은 빛 때문에 생긴다는 믿음으로
상실 속에서 희망을 말하는 작가

유재옥

언젠가 빛날 슬픔

생일

자화상

나는야 표류자(漂流者)

나란 사람

돌멩이와 비바람

악몽

엄마라서 오늘을 산다

홀로된 아이 & 상실에 빠진 어른

물결에 스미다

세고비아 창공

생일

얼마 전 내 생일이었다. 생일이 다가올 때면, 그날의 기억은 더 또렷해진다.

2011년 6월 생일. 유독 많은 이들에게 축하를 한껏 받은 날이었다. 그럼에도 이유 없이 울적하고 묘한 마음에 처음으로 나에게 선물을 하나 했다. 바구니에 한가득 예쁜 꽃이 담긴 아크릴 액자의 그림이었다. 지금도 잘 이해되지 않는 그날의 내 모습이다.

그러나 일주일 뒤 더 이해할 수 없는 일이 일어났다.

생일을 축하해 줬던 모든 이들과 딱 일주일 뒤에 다시 한자리에 모여 앉았다. 딸아이의 장례식이었다.

더 이상 내 생일은 반가운 생일일 수 없다.

딸아이는 내 생일선물로 곱디고운 나비 귀걸이 한 쌍과 사랑 가득한 손편지를 남겨둔 채 그렇게 훌쩍 떠나버렸다.

그 이후, 6월에는 내 생일과 딸아이의 기일이 나란히 자리 잡고 있다.

그렇기에 누군가에게 생일 축하를 받는 것이 가슴과 목구멍에 '턱'하고 받친다.

그저 조용히 보내고 싶어 카톡에도, 다른 SNS에도 생일 노출을 차단한다.

생일을 기억하는 이들은 많지만 딸아이의 부재를 기억하는 이는 적다. 나는 한 해 한 해 나이를 먹는데 아이는 그때 그 모습

그대로다. 26살 딸아이 얼굴은 존재하지 않는다. 아이의 성장 과정을 상상할 수도 그리워할 수도 없는 먹먹함에 멍이 든다. 지금은 이별 전의 모습도, 목소리도 희미해져 간다. 사라져 가고 흩어지는 아이 흔적을 찾아 방황한다. 아프고 서럽다.

상실의 슬픔은 표현할 수 없는 먹먹함이 동반된다.
상실의 슬픔은 누군가와 공유하기엔 어둡고 축축하다.
그래서 6월은 시리다.

버리지도, 펼쳐보지도 못했던 아이의 다이어리를 펼쳤다. 낯익은 글씨체가 날 바라보고 있다. 아련해진 아이의 손길이 나를 맞이한다. 숨겨두었던 내 안의 뜨거운 설움이 복받친다.
13년 전 중1 해맑은 아이가 인사를 건넨다.

"안녕? 엄마~~ 축하해♡"

두고 간 생일편지는 차마 다시 읽어볼 용기가 없다.
보고 싶다.

2011년 6월 아이의 다이어리

자화상

  삶이 지난하고 아프던 시절, 난 내 얼굴을 제대로 보지 못했다. 아니, 거울을 보지 않았다. 그때는 내가 그랬었다는 사실조차도 인식하지 못했다.

  일상이 살아지고 들숨과 날숨이 겨우 쉬어지기 시작할 즈음 그룹홈* 아이들 프로그램 진행을 위해 인근 미술 교습소를 찾게 되었다. 하지만 이러저러한 사정으로 인해 그룹홈 아이들 수업은 진행할 수 없게 되었다. 교습소 선생님께 미안한 맘이 들기도 하고, 그림을 배워볼까 하는 마음도 있었기에 내가 먼저 시작했다.

  수업 중 자화상을 그리는 수업이 있었다. 그 과정에 처음 거울에 비친 내 모습을 자세히 보게 되었다. 그 순간 비로소 알게 되었다. 아주 오랫동안 나는 내 얼굴을 마주하지 못했다는 사실을. 내 얼굴을 제대로 바라보지 못할 만큼 분주했던 것일까? 스스로 마주할 용기가 없었던 것일까? 아님 나 자신을 부인하고 도망치고 싶었던 것일까?

  생존을 위한 출근, 그것을 위해 분주하게 거울 앞에 서긴 했을 것이다. 그러나 거울에 비친 모습을 바라보며 나의 상태를 살피

---

* 가정 해체, 방임, 학대, 빈곤 등의 이유로 보호가 필요한 아동들에게 가정과 같은 주거환경에서 보호, 양육서비스를 제공하는 소규모 아동보호 시설.

거나 나를 위해 단장하지는 못했으리라. 나를 볼 수 있는 생각도, 마음도, 시간도 없었을 테니까…

  출근을 위한 화장, 온종일 일상을 살아낸 오물을 씻어내는 세안, 사회구성원으로서의 표정, 이 모든 것에 눌려 난 내 얼굴을 잊고 있었다.

  도무지 기억이 나질 않는다.

  큰 상실로 오랫동안 시리고 축축한 밑바닥에 누워 많은 시간을 보낸 지난날. 깊이도 없고 끝도 없던 그 시간을 보냈다. 터널 끝에서 새어드는 빛에 눈이 시렸다. 눈을 질끈 감고 끊이지 않는 터널을 지나왔다.

  이제야 거울 앞에 섰다. 난 거울 앞에 섰다. 보이는 대로 그렸다.

  며칠 후, 다시 화실을 찾았다. 내 자화상을 본 화실 학생들의 소감을 전해 들었다. 5학년 여자아이는 자기비하가 느껴진다고 했고 다른 남자아이는 슬픔, 마름, 그리고 죽음이 연상 된다고 했다.

그놀빛, 자화상
25 × 25cm
Acrylic on canvas.
2019

나는야 표류자(漂流者)

오늘의 '나'는 어제와 사뭇 다르다. 아니 한낮의 '나'와도 한참 다르다.

지금, ADHD 진단을 받았기 때문이다. 같은 존재인 '나'이지만 내가 인식하고 받아들이는 '나'는 매번 달라져 있다.

최근 지인이 공유해 준 ADHD와 관련된 TV 프로그램을 보게 되었다. 나에게 일상적이고 보편적이라 생각했던 상황들이 일반적이지 않다는 걸 알게 되었다. 충격적이었다. 그래서 관련 책을 찾아 읽다 보니 확신이 생겨 보다 정확한 진단이 필요했다.

일반적으로 알려진 ADHD의 특성과 나는 상반되는 점도 많았다. 그것이 지금까지 알아차리지 못한 이유이기도 하다. 가령, 나는 폭력적이지 않고, 공감문제, 행동조절 문제로 직장을 못 다니거나 사회생활이 어렵지 않았다. 오히려 너무 참아서 미련스럽다고 할 정도다. 그런데 관련 책을 읽어보고 자가체크를 하니 신기하게도 겹치는 부분이 많았다. 심지어 책 저자의 경험들을 읽을 때의 후련함이라니? 내 맘을 공감해 주는 것 같아 눈물이 날 지경이었다. 상황의 공통점들을 보니 틀림없는 ADHD였다.

진단 과정에 담당 정신과 의사 선생님도, 직장동료도, 가족조차도 인정하기 어려워했다. 다들 그 결과가 이상하다며 지금도 의아해한다.

"네가 ADHD면 국민 절반이 진단 나오겠다. 유난 떨지 마. 너

요즘 살만하구나?"

병원 진료 전 핸드폰으로 들려온 친구의 말이다.

그러나 난 안다. 돌이켜 보면 그것이 어릴 적엔 학교생활, 이후엔 직장생활, 결혼생활, 자녀 양육에 이르기까지 힘들었던 원인이었다. 다만 '삶이 다 힘든 거지, 어느 누구 하나 쉬운 인생이 있겠어?' 이렇게 인식했었다. 남들은 쉽게 되는 것이 나에게는 인식하고 노력해도 힘든 것이었음을 중년의 나이가 되어서야 알게 된 것이다. 그것도 우연한 기회로 말이다. 진단을 받은 순간 울컥 눈물이 났다. 눈물의 의미는 미안함이었다.

첫째, 아이들에게 미안했다. 다른 엄마들보다 더 부족한 엄마였을 테니까. 바로 아들에게 전화했다.

"병원 선생님께 진료받았는데 엄마 ADHD인 것 같아. 우선 약물치료 시작하자고 하신다. 그런데 엄마 마음은 후련해. 이제까지의 일들이 엉킨 실타래가 풀어지듯 홀가분하다. 그런데 너에겐 미안해 아들! 안 그래도 부족한 엄마여서 미안했는데 이렇게 되니 제일 먼저 생각나서 전화했어. 이 상황이 화가 나. 게다가 이건 유전이라는데 어쩌지? 더 미안해."

고인 눈물을 누르며 차분히 전하려 노력했다. 내 이야기에 아들의 답은 간단했다.

"수고하셨어요! 난 엄마 아들이어서 행복했고 어떤 문제도 없었는걸요? 걱정 말고 조심히 오세요."

아들의 답변에 숨구멍이 트이자 두 번째로 나 자신에게 미안했다. 무슨 일이든 내가 게으르고 부족해서 생긴 일이라고 스스로를 몰아붙였던 크고 작은 일들이 스쳤다. 25년 동안의 공황장애도 '체질이 바뀌어 그런 건가? 잠깐 피곤해서 그렇겠지? 예민한 성격 탓이라 그렇겠지?'라고 치부했었다. 주변 사람들이 나로 인해 문제가 생기지 않게 늘 몸과 맘으로 긴장하며 살았다. 그 순간들이 장면 장면으로 떠오르자 그 한가운데 있는 가여운 내가 보였다.

    처방받은 두툼한 약 봉투가 나를 바라본다.

그놀빛, 자화상
45.5 × 37.5cm Acrylic on canvas.
2019

나란 사람

나란 사람
욕심이 없는 줄 알았다.
남의 것을 탐할 만큼 욕심의 똬리가 숨어 있었다.

나란 사람
원망이 없는 줄 알았다.
지난 세월의 억울함으로 찬란한 오늘을 분노하고 있었다.

나란 사람
배려가 많은 줄 알았다.
솔직할 용기가 없어 내 안의 나를 기만하고 있었다.

나란 사람
가슴이 굳은 줄 알았다.
캄캄한 밤 꺼이꺼이 가슴 시린 눈물을 쏟아내고 있었다.

나란 사람
감각이 마비된 줄 알았다.
온몸의 오감이 폭풍우 휘몰아쳐 밤하늘을 떠돌고 있었다.

나란 사람

강인함을 사모하는 줄 알았다.

부드러운 눈빛과 손길을 찾아 세찬 강물에 휩쓸리고 있었다.

그놀빛, 자화상 31 × 48cm Pencil on paper. 2021

돌멩이와 비바람

저마다 세상을 살아가는 모습은 매우 다양하다. 보편적으로 계획적이고 자기 것을 잘 챙기는 사람들이 사회에서 인정받는다. 착실히 공부하고 커리어를 쌓아 부를 누리는 모습은 자랑스럽다. 한강 뷰에 높고 견고히 지어진 빌딩 속 사람들은 동경의 대상이다.

난 서울에서 태어나고 자랐지만 빌딩에 필요한 잘 다듬어진 대리석이나 예쁜 벽돌 같은 사람이 아니었다. 화려하고 격동하는 서울과 어울리지 않는 울퉁불퉁한 돌멩이. 그래서 그 속에서 살아가기란 무척 지치고 힘든 일이었다. 부대끼는 내 모습을 마주하고 인식하니 내 삶은 뒷골목 굴러다니는 돌멩이 같았다. 개성 있고 인간적이라고 자부했던 지나온 삶이 부질없고 원망스러웠다.

그런 상황이 이어질 즈음 그림을 그리고 글을 쓰며 주위를 다시 둘러보게 되었다. 시선이 달라졌다. 똑같은 내 모습, 똑같은 상황도. 내 모습과 내 삶을 다시 말하고 싶어졌다.

오히려 못난 돌멩이라서 다소 부족하기에 스치는 바람도 통하고, 사람의 여운도 스미고, 먹구름도 머금고, 내리던 비도 담아낼 수 있지 않을까?

뚫리고 움푹 파인 돌 안으로 빗물이 내린다. 내린 빗물은 돌 안에 머물고, 또 땅으로 스며 하나가 되는 것이 아닐까?

제주도 돌담으로는 적격이지 않을까 싶다. 구멍이 숭숭 뚫려 있고 볼품없는 검은 돌. 높은 담벼락으로는 소용도 없다. 마당이 훤히 내다보이는 낮은 담. 그래서 운치 있고, 그러하기에 누구나 들어올 수 있는, 어떤 비바람에도 스러지지 않는 그런 돌담.

제주 돌담은 비바람이 더 이상 두렵지 않다. 비바람은 맞서야 하는 대상이 아니기 때문이다. 비바람이 잘 지나가도록 길을 터 주고, 조금 비켜서서 열어두면 되는 그런 존재다. 나란 존재는 비바람의 바람길을 열어주는 작은 돌이다.

그놀빛, 자화상 18 × 26cm Acrylic on canvas. 2022

악몽

　새벽녘 꿈을 꿨다.
　오랜만에 아들과의 나들이다. 가족들, 연인들로 시끌벅적 즐겁고 행복한 인파들에 끼어 있다. 어느 순간 사람들이 하나둘 사라지고 어둑함과 고요함이 벌써 내려앉아 내 곁에 머문다. 아들은 보이지 않고 나 홀로 거닐고 있음을 알아차린 때 낯선 사내가 다가온다. 함께 온 아들은 어디 있냐고, 이곳에 온 사람들이 종종 그곳 강가 다리에서 발견된다며 말끝을 흐린다.
　조금 전 남자아이 한 명이 그곳에 있었다는 말을 덧붙이곤 사라진다. 불안한 기운이 감돌았지만 그 사내를 찾을 수 없었기에 애써 잊으려 희미한 불빛을 따라 걸음을 재촉한다.
　그렇게 얼마나 걸었을까? 자욱한 안개 속 물결이 보인다. 연못인지 호수인지 아니면 강물인지, 실체는 알 수 없다.
　그곳으로 이어지는 예쁜 돌다리가 어렴풋이 보인다. 건너려는 순간 조금 전 스산한 기운을 남기고 사라진 그 사내가 다시 보인다. 사내는 커다란 투명 방수 팩을 물속에서 힘겹게 끌어낸다.
　사람 형태가 보였고 돌다리 아래에서 들어 올리는 모습이 건장한 사내임에도 안쓰러워 보인다. 온 힘을 다함에도 사람의 다리 부분으로 보이는 그 형체는 온전히 드러나지 않는다.
　물안개를 살피고 다시 그곳에 눈길을 돌려보니, 사내는 오간데 없고 형태를 알 수 없는 그것만 덩그러니 내 앞에 모습을 드러낸다.

보이지 않는데 두렵다. 시작점을 알 수 없는 공포감으로 온몸이 떨린다.

그 공포의 실체가 드러난다. 아들이다. 얼굴이 보이지 않음에도 알 수 있다.

이끼 내음이 진동하는 커다란 방수 팩 속을 바라본다. 아들 얼굴인데 아들의 모습이 아니다. 얼굴은 푸른빛과 선홍색이 뒤엉켜 형태가 불분명하다. 눈물 고인 눈망울이 나를 응시한다. 투명한 비닐 속의 입술은 퉁퉁 부어 있다.

"엄마~~!!"라고 힘겹게, 그러나 명확히 나를 부른다. 내 눈은 눈물이 하염없이 흐르는데 울지 않는다.

그 모습이 너무 처참하고 괴롭게 보여 엄마는 울 수 없다. 아들을 감싼 그 투명막은 긴 호스가 달렸고 네 모퉁이가 견고히 막혀 있다. 감히 어떤 것에도 힘을 주어 빼어내지 못한다.

다만 힘을 다해 그것을 안아본다. 온기가 전해진다. 그 온기와 함께 다시 그 사내가 나타났고 나에게 체념하듯 말한다.

떨어지는 몸을 받아냈어야 했는데 놓쳤다고, 그래서 여기에 넣어 살려보려 했다고, 이제는 편안히 보내주길 바란다며 또다시 사라진다.

그의 목소리가 묘하게 따뜻했다. 푸른빛과 선홍색으로 엉켜 있던 얼굴에 잿빛이 스민다.

잿빛 아들 얼굴이 내 얼굴을 덮었다. 내 눈에, 내 가슴에 가득 찬다.

저 깊은 밑바닥에 넣어두었던 울음이 넘친다. 꺼이꺼이 목놓아 울음을 토해낸다. 내 안의 내 울음소리에 꿈에서 깨어난다.

꿈속의 슬픔을 이어 솟구치는 절규가 이어진다.
더 깊게 묻어두었던 상실의 슬픔이 꿈과 함께 두려움과 처절함으로 나를 덮친다.
딸아이의 마지막 얼굴이 꿈속 아들의 얼굴과 하나가 된다.
내 눈물은 밤하늘이 된다. 마른 줄 알았던 서러움이 지금도 흐른다.

그놀빛, 악몽 37.5 × 45.5cm Paper clay on canvas. 2024

엄마라서 오늘을 산다

난 아이들이 좋다. 그런데 예전엔 내가 아이들을 좋아하는 줄 몰랐다. 유아교육을 전공했으나 유치원 선생님이 되기 싫어 대학 생활 내내 다른 곳을 기웃거렸다.

졸업 이후 벤처기업 대표 비서로 입사했다. 그러나 이런저런 상황으로 결국 다시 전공의 길로 들어서게 되었다. 먼저, 특수아동들과 만나며 다시 수녀님들 밑에서 호된 훈련과정을 거쳤다. 그 결과로 유아교육의 현장에서 오래도록 머물게 되었다.

이후 자연스럽게 아동복지 쪽으로 흘러 지금의 자리에 남아있게 되었다. 그러면서도 난 아이들을 좋아하는 줄 몰랐다. 그냥 직업인 줄만 알았다.

심지어 내가 엄마의 자리에 서게 되었을 때도 몰랐다.

첫 임신 때 생명의 신비함보다는 겁이 덜컥 났다. 아이의 해맑은 미소 앞에서 벅찬 행복을 느끼기보다는 폭풍처럼 밀려오는 맞벌이 주부의 삶으로 휘청이기만 했다.

직장, 가정, 아이들과 함께하는 모든 것이 매일 반복되는 당연한 일상이었다.

그러던 어느 날, 거실에서 TV를 보며 낄낄거리는 흔한 남매의 모습이 아이들에게서 보였다. 그저 매일 반복되던 일상의 풍경이었음에도 어찌 된 일인지 당연하지 않았다. 벅차오를 만큼 감동적이고 행복한 마음이 충만했다. 가장 행복한 순간을 맞이한 듯 심취해서 감사기도를 올렸다. 늦잠 자며 뒹구는 아이들도, 밀려오는 집안일도, 직장 일도, 직장에서 재잘대는 아이들의 모든 모습이 아름다웠다. 마치 영화의 한 장면처럼 충만했다. 신기할 만큼 매 순간이 감사했고 당연한 것은 존재하지 않을 수도 있겠다 싶어졌다. '지금이', '오늘이' 가장 찬란하고 행복한 것임을 비로소 느끼고 누리기 시작했다.

그 마음이 한 달이 채 되었을까. 신은 내게서 그것을 걷어갔다. 믿을 수 없었기에 처음엔 부정했다. 그리고 분노했다. 내 아이를 신께서 걷어가셨고, 그로 인해 난 더 이상 일상을 누릴 수 없었다. 직장에서 만나던 아이들도 볼 수 없었다. 모든 일상이 신기루처럼 내게서 사라졌다.

그럼에도 나는 지금도 숨을 쉬고, 웃음을 짓고, 계절마다 하늘을 바라본다. '어떻게 새로운 아침을 맞이할 수 있었을까?' 이 질문을 나 스스로 내게 던져보았다. 그 질문에 순간의 망설임 없이 '아이들'이라고 적고 있다. 나의 일상을 앗아갔던 그것이 내게 더 찬란한 일상을 안겨주었다. 이성적으로는 이해할 수 없는 일이다. 그러나 이제는 인정할 수밖에 없다.

신께서 일찍 거두어 간 내 딸이 신께서 내게 주신 가장 귀한 선물이었다. 그것을 이제야 고백할 수 있게 되었다.

빼앗겼다고 생각한 나의 딸이 내 것이 아니었음을 인정했기 때문이다. 사랑스러운 아이를 13년 동안 내 품에서 키울 수 있는, 엄마일 수 있었다는 게 가슴 벅찼다. 그것만으로도 충만하다. 엄마일 수 있어 행복했고, 엄마이고 싶은 마음이 간절했다.

  그러자 다시 엄마가 되고 싶었다. 이 땅의 모든 아이들은 신의 선물이다. 다만 엄마의 몸을 통해 이 땅에 태어났을 뿐. 처음부터 내 것이 아닌 것을 내 것이라 우겨왔다. 내 몸을 통해 보내주신 아이는 이제 없지만 이 땅에 보내주신 많은 선물들을 보게 되었다. 아이들 모두가 귀한 선물이기에 귀히 여겨주고 사랑받아야 마땅하다. 그런데 그렇지 못한 아이들이 너무도 많다는 사실을 구체적으로 알게 되었다. 내가 지금의 그룹홈 아이들 곁에 머물게 된 이유이다.

  딸아이와 이별 후 어린이집 아이들을 바로 볼 수 없었고 아이들의 부모 상담을 할 수 없어 떠났다. 그런데 이제는 외롭고 아프고 상처받은 아이들 곁으로 다시 둥지를 틀었다. 이 아이들을 통해 내가 오늘을 숨 쉬고, 빛나는 태양도 어두운 밤하늘도 바라볼 수 있게 되었다. 내 어두운 상실이 그들의 슬픈 삶과 맞닿아 밤하늘에 별처럼 빛나길 소망하면서 말이다.

  딸아이가 떠난 지 13년, 이 아이들과 함께한 지 10년이 지난 지금, 이제야 실마리를 더듬더듬 찾아본다.

  여전히 작은 소망을 꿈꿔보는 미련하고 둔한 엄마이지만, 그래도 엄마로 살고 싶다.

홀로된 아이 & 상실에 빠진 어른

한 아이가 있었다. 아이는 부모의 이혼으로 할머니와 부산에서 지냈는데, 그 시간들은 나름 견딜만했다. 그러던 중, 할머니가 쓰러지고, 아빠의 재혼으로 부산을 떠나면서 아이의 삶은 달라졌다. 불안했던 아이의 환경은 아동학대로 이어졌고, 결국 분리 조치되어 병원 입원 치료를 받았다. 퇴원을 기점으로 아이는 홀로 남겨졌다.

한 어른이 있었다. 어른은 둘째 아이를 잃고 나니 더 이상 어린이집 원장직을 해낼 수 없었다. 아이들의 맑은 눈망울을 마주할 수도, 그 아이들의 부모 상담도 해낼 수 없었다. 딸아이를 상실한 이후 모든 것이 부질없어져 직업도 일상도 상실했다.

홀로된 아이와 상실에 빠져 휘청거리는 어른은 NGO 단체가 운영하는 시설에서 입소 아동과 원장으로 만났다. 중학생이었던 아이는 이제 대학 졸업을 앞둔 성인이 되었다.

아이가 성인이 되는 나이에 일본 여행을 약속했지만 이런저런 사연으로 미루다 4학년 휴학 기간에 거제와 여수 여행을 떠났다. 짧지만 길고 깊었던 2박 3일 여행기를 담아보려 한다.

1일 차

그들은 옹색하지만 포근한 거제 숙소에 도착했다. 지인들의 추천 드라마 1, 2회를 시청했다. 하필 추천받은 드라마는 〈정신병동에도 아침이 와요〉였다. 그 녀석과 그 여자는 드라마를 보는 동안 서로 싱긋 웃기만 할 뿐 별다른 대화는 없었다. 굳이 많은 대화가 불필요했으리라. 둘은 '정신병동'에서의 아침을 맞이해 본 경험이 있다. 드라마 속의 장면 하나하나가 낯설지 않으며 부연설명이 필요하지 않은 일상이었을 때가 있었다. 우연히 여행지에서 함께 보게 된 드라마 속 대사, "아픈 말은 언제 들어도 아프다."를 웃으며 건넸다. 서로의 상처를 바라보며 솔직하면서도 담담한 어조로 그 대사를 다시 한번 읊는다.

그 둘은 같은 공간에서 같은 드라마를 보며 같은 정신과 치료 경험이지만 자신만의 이야기를 각자 가슴에만 품고 있다. 쉽게 이야기할 수 없고 이야기해도 돌이킬 수 없는 아픈 이야기들이다. 드라마는 그것들을 화면으로 담아낸다. 예전에 〈소년심판〉을 보고 난 후에도 그 둘은 어설픈 농담을 주고받을 뿐 깊은 이야기를 할 수 없었다. 대중들에게는 놀라움과 낯섦으로 받아들여지는 장면 하나하나가 그들에겐 일상이고 생존이기 때문이리라.

그녀는 자신이 상실로 인해 삶을 지탱하기도 힘든 사람이며 나약하고 상처투성이라 너덜대는 삶이고 불안해 흔들거리는 모습임을 알고 있었다. 그러기에 홀로된 아이들 곁으로 걸어 들어갔을 것이다. 그 깊은 외로움과 시리고 시린 아픔이 선명히 보였기 때문이다.

홀로 된 아이들을 한껏 안아주기엔 그녀 또한 상실의 피멍으로 가슴이 아팠다. 아이들도 힘껏 안기고 싶지만 딱딱하고 울퉁

불퉁해 튕겨 나가기 일쑤였다. 외로워 뒤틀린 아이들이 힘들 때 기댈 수 있는 든든한 어깨가 필요했지만, 그 여자의 어깨는 손대면 바스러지는 삭은 나무였다.

그 여자는 홀로된 아이들이 먼저 떠나지 않는다면 그냥 그곳에 서 있기로 했다. 그냥 흔들리는 삶을 아이들과 같이 살아갈 뿐이다. 10년이 그렇게 흘렀다. 누가 누구를 지키고, 누가 어른이고 누가 아이이겠는가? 아픈 줄도 모르고 하루를 살아내야만 하는 슬픔을 품은 존재일 뿐이다. 손에 잡히지 않는, 말로 표현될 수 없는, 그 먹먹한 무엇인가를 가슴 가득 품고 사는 생명체라는 공통점뿐이다. 그들에겐 그것만 존재한다.

2일 차

포근한 숙소를 나와 바람의 언덕을 찾아 나섰다. 이른 아침 출발이기에 그 녀석에겐 유쾌한 시작은 아니었다. 멋진 바다 풍광과 자연은 잠깐의 눈길 정도는 잡아둘 수 있었지만 거센 겨울바람과 산책은 거부하고 싶은 모양새다.

반면 진통제 기운으로 오십견 통증을 잠재우며 운전하던 여자는 하늘과 바다, 매서운 겨울 바닷바람에 넋을 내어준 듯하다. 쉬지 않고 핸드폰으로 순간의 모든 것을 담아내려 애쓴다. 여기저기 경중경중 누비고 쏘다녔다.

먹는 즐거움을 제대로 즐기고 누리는 녀석, 먹는 것엔 의지와 관심이 없는 여자. 둘은 온종일 녀석이 검색한 곳으로 이동했다. 바다뷰가 좋은 카페로, 데이트 코스로 핫한 산책길로, 그리고 맛

집 투어도 구석구석 누벼본다. 해가 저물 즈음 오색찬란한 거북선대교를 지나 번쩍번쩍한 빛으로 손짓하는 여수 케이블카에 몸을 실었다.

공황장애가 있는 녀석은 케이블카를 좋아하지 않는다. 그러면서도 용기를 내본다. 여자는 케이블카에 블루투스를 연결한다. 음악을 좋아하는 녀석이 선곡을 한다. 선곡은 탁월했다. 공포의 공간이 위안의 공간으로 탈바꿈하는 순간이다. 소란스러운 찬사도 하지 않는다. 핸드폰 인증샷을 연신 눌러대지 못한다. 두 눈에 담고 맑은 선율에 온몸을 싣는다.

높은 하늘 위 작은 상자 속에서 둘은 별처럼 빛났다.

3일 차

모닝커피를 좋아하는 여자를 위해 그 녀석이 미리 검색하고 고심한 끝에 찾아간 카페는 성공적이었다. 아기자기하고 예쁘기만 한 카페가 아니었다. 개성이 강하지만 섬세한 그곳만의 향기가 담겨 있는 특별함이 있었다. 아름답지 않지만 아름다웠다. 아름다움이 사진에 고스란히 담긴다.

예약해 둔 열차를 타기 위해 분주하게 움직였으나 초행길의 렌터카 반납의 길은 순탄치 않았다. 둘은 지나치게 여유로웠던 오전 시간을 후회하며 차량반납을 서둘렀다. 그리고 아슬아슬하게 기차역에 다다랐다.

기차에 오르기도 버거운 시간에 그 여자는 그 녀석에게 눈짓을 보낸다. 그리고 카드를 건넨다. 눈앞의 순천역을 확인하고는 바로 돌아서서 반대 방향으로 둘은 달렸다. 녀석은 파리바게트로 직행! 그녀는 김밥집으로 직행! 각자의 임무완수로 한 아름 점심이 확보된 충만함은 횡단보도의 빨간불 앞에서 불안감으로 돌변했다. 순천역 역사 뒤편으로 기차 모습이 보이기 시작했기 때문이다.

파란불이 켜지기 무섭게 동시에 둘은 뛴다. 평상시 급할 것도 없이 구부정한 어깨로 땅만 쳐다보며 다니던 그 녀석이 뛴다. 심지어 미소를 담고 뛴다.

무릎연골마모와 퇴행성으로 최근에는 뛰지 않던 그녀도 뛴다. 힘겹게 뛴다. 벌떡이는 숨을 안고 열차를 탄다. 열차가 출발하자 기차 칸을 건너 10호 차 12번 13번 좌석에 나란히 앉는다. 인생살이 큰 업적을 달성하기라도 한 것인 양 마주 보고 실컷 웃는다. 쫄깃하게 마련해 온 특별한 점심 식사로 기차여행의 꽃이 활짝 피었다. 기차 안 가득히 퍼진 음식 내음처럼 온몸으로 나른함이 퍼지며 졸음이 쏟아진다. 그 녀석과 나눠 듣는 아이팟으로 잔잔한 인디 음악이 흐르고 어느새 종착역인 행

신역을 알리는 안내방송이 들린다.

보편적인 여대생 같지 않은 녀석은 그답게 셀카나 인증샷 찍기는 즐겨 하지 않는다. 그러나 이번 여행에서는 여자의 모습을 연신 담아내기도, 기꺼이 자신이 주인공이 되어주기도 했다. 순간순간 보기 드문 환한 웃음과 맑은 눈빛이 빛났다. 그 모습은 고스란히 사진 속에 담겼고 곧 녀석의 카톡 대문 사진으로 전환되었다. 여정의 시간이 흐르듯 둘 사이의 모습도 그렇게 서로에게 흐르고 흐른다.

그 녀석은 그 여자에게 질문했다.

"지금이 제 인생에서 가장 좋은 때라고 생각되는데 제가 이걸 유지해 낼 수 있을까요? 망쳐버리고 다시 주저 앉을까 봐 두려워요."

대답 대신 그 녀석이 여수 케이블카에서 사주었던 포춘쿠키를 건넸다. 그 녀석의 두 손에 포춘쿠키 속살이 수줍게 내비쳤다.

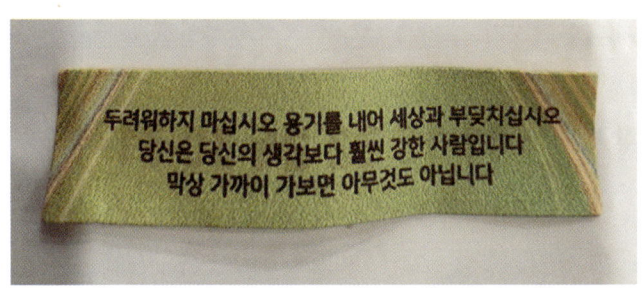

포춘쿠키 메시지

물결에 스미다

스레드 1주년을 맞이했다.

새로운 것이 흥미롭고 사람들과 소통하기를 즐겨 하는 나에게 SNS는 매우 매력적인 것이었다. 그런데 신기하게도 지금껏 싸이월드로 시작하여 인스타까지 이어지는 그 어떤 SNS에도 참여하지 않았다. 그러다 글쓰기에 관심을 갖게 되면서 한 작가님의 권유로 시작한 스레드가 처음이었다. 벌써 1년의 시간이 지났다.

스레드에 푹 빠진 이유에 관해 생각해 보았다. 그것은 글의 물결이라 명명하고 싶다. 지금을 사는 이들의 보이지 않는 물결! 글을 통해 내가 나를 보고 내 글에 닿은 누군가의 글을 보고, 그 글은 다시 그들에게 닿아 커다란 물결이 된다. 그리고 그 물결에는 색깔이 담겨 있고 모양을 품고 있어 거센 물결이 되어 휘몰아칠 때도 있다. 그래서 누군가는 그 소용돌이 속으로 빨려 들어가 사라지기도, 또 누군가는 그 소용돌이로 인해 높이 솟아오르기도 한다. 잔잔히 흐르고 흘러 깊은 산속의 맑은 물과 커다란 강가의 물이 만난다. 그리고 헤어지고 또 만나 바다를 이루는 물의 속성처럼 둘은 닮았다.

서로에게 물든다는 것. 서로에게 스민다는 것.
그것은 얼마나 아름답고 황홀한 것인가? 서로 물들고 스미며 마침내 같은 결이 되고 또 마침내 하나가 될 수 있으리라.

　그러나 또한, 어떤 빛깔로 물들며 어느 곳으로 스미는지 살피고 보듬고 깨어 있어야만 한다. 휩쓸리고 흔들리는 순간, 아름다움은 어두움으로, 황홀함은 비참함으로 그렇게 물들고 스미고 만다.

　1년 동안의 시간에 많은 사람들의 색깔이 물들고 스미고 또 그렇게 흘러가고, 떠나가고 또 머물고 있다.

나는 너에게,
그리고 우리에게,
우리가 모두에게
선한 물결이 되어보자.

스레드 안에서만이라도
아름다운 물결이
되어보자.

그놀빛, 물결.
Photo 울르와트 2023

세고비아 창공

 참 오래 살고 볼 일이다. 나에게 이런 날이 오는구나! 2024년 새해 해돋이를 스페인 세고비아 창공에서 사랑하는 아들과 맞이할 줄이야~~!! 열기구의 낭만이라니.
 서로 몇 년 동안 말로만 희망했던 해외여행. 아들이 대학 졸업을 앞두고 엄마와 산티아고 순례길을 함께하는 버킷을 전해왔다. 순례길을 마치고 남미로 이어지는 몇 달간의 여행계획이었다. 그러나 현실상황도 불가능, 나의 무릎 건강도 무리였다. 아들의 마음이 곱고 고마워 스페인 2주 여행으로 조율했다. 가지 못할 이유들이 더 많았지만 '이보다 더 좋은 시간이 어디 있을까?'하는 마음에 단행했다. 내 삶에서 잘한 일 중 하나로 꼽힐 일이다. 그 시간이 행복하고 또 행복했다.
 흔한 남매에서 어느 날 갑자기 외아들이 된 아이, 어느 순간부터 아들은 더 섬세하고 다정다감해졌다. 아르바이트로 목돈을 마련해서 엄마는 여행이 필요하다고 여행경비를 챙겨주더니 군복무 마치고 제대할 때는 사진을 좋아하는 엄마를 위해 카메라를 선물로 준비했다. 마치 오늘이 마지막인 것처럼 가족을 대했다. 집을 나서거나 들어올 때는 물론, 가끔 할머니와 할아버지를 만나고 헤어질 때도 마찬가지였다. 때마다 가볍지만 따스한 포옹을 했다.
 어느 날 아들에게 물었다. 어떤 이유가 있냐고.

"오늘이 마지막일 수 있잖아요. 소정이처럼. 나중은 없어요. 또다시 후회하고 싶지 않아요."

그 짧은 대답이 내 맘에 박혔다. 내가 엄마이고 어른인 것 같지만 아들이 어른이었다. 내가 보호자인 줄 알았는데 보호받고 살았었다. 아프고 슬픈 사건들이 그대로 아프고 슬프기만 해서는 안 되는 이유와 마주했다.

가장 슬픈 슬픔이 가장 아름답고 찬란할 수 있음을 알게 되었다. 빛이 있어야 그림자가 생기고 어둠이 가장 깊을수록 별빛이 가장 빛나기 때문이다. 내 필명이 '그놀빛'인 이유이다. 빛과 그림자를 모두 품고 그 속에서 자유롭게 살아가야 하는 숙명이다. 내게 주어진 모든 일들을 있는 그대로 받아들이기로 했다.

어느 날은 처절한 그리움에 몸이 녹아내릴 만큼 아픈 가슴으로 밤을 지새우다가도, 다음 날 뜨거운 태양에 맞서 바보같이 웃음으로 아이들과 캠프를 간다. 홀로 그림을 그리며 꿈을 꾸기도 하고, 가족과 이웃들의 사랑스러운 모습을 간직하고 싶어 연신 사진을 찍어대기도 한다. 이렇게 글을 쓰며 살아내는 이야기를 담아보기도 한다.

수많은 상실 속에서 바보처럼 웃고, 수많은 결핍 속에서 다 가진 것처럼 누린다.

그놀빛, 창공. Photo 세고비아 2024

그놀빛, 열기구. Photo 세고비아 2024

서울에서 태어나 늘 빠르고 바쁘게만 살아가다 크게 번아웃이 왔다. 결국 먼 미래의 목표였던 귀촌을 서른 중반에 하게 되었고, 퇴촌이라는 곳에서 내 속도로 살아가는 방법을 배우며 살아가고 있다.

인생의 가장 행복했던 순간을 꼽으라면 2016년, 2022년 산티아고 순례길에 올랐던 기억이다. 산티아고 순례길을 인생의 축소판이라고 많이 얘기한다. 나 또한 그 길을 걸으며 깨달은 지혜를 아직까지도 삶에 적용하며 살아가고 있다.

사람과 행복 그리고 위로라는 주제로 반복되고 힘든 일상에 지친 사람들과 늘 불안함을 가지고 살아가는 사람들의 마음을 토닥여 주는 글을 쓰고 그림을 그린다.

짧은 글과 그림이지만 독자들이 읽으면서 작은 쉼을 얻길 바라본다.

유형훈

유후 @yoohoo_story

정답은 너야

인간관계
꿈과 목줄
두려움보단 희망
멈춰야 보이는 것
감정 폭우
큰 그릇
긍정적인 사람과 부정적인 사람
반성과 자책의 차이
희생과 나눔
걱정이란?
나의 가치
미적 거리
똥 피하기
절벽에서 뛰어내리는 펭귄이 되지 말자
행복 찾기

단점을 만드는 4가지 방법
살면서 관리해야 할 6가지 M
대화의 4가지 틈
챙김보다 중요한 이것
목적과 목표
'함께'와 '하나'
당신이 완벽할 수 없는 이유
썩은 아보카도의 마지막 선택
동그라미로 살기로 했다
극복 말고 연습
스스로에게 하는 조언
정답

인간관계

좋은 결과를
만드는 것이 아닌,
즐거운 과정을
만드는 것이다.

꿈과 목줄

붙들고만 있으면
움직일 수 없고,
놓아 버리면
길을 잃게 된다.

두려움보단 희망

멈춰야 보이는 것

감정 폭우

폭우처럼 쏟아지는
감정들에 휩쓸리지 않으려면,
내 기분 상태를
수시로 확인해야 한다.

큰 그릇

그릇이 큰 사람은
그릇의 크기가 큰 사람이 아닌
담을 수 있는 공간이
많은 사람이다.

긍정적인 사람과 부정적인 사람

반성과 자책의 차이

자책은
현재에 머물러 있고,
반성은
다음을 바라보고 있다.

자책은
나를 주저앉게 하고,
반성은
나를 일어서게 한다.

희생과 나눔

희생과 나눔을 구분하자.
나를 지키며
나눌 수 있는
행복한 왕자가 되자.

걱정이란?

이미 지나간 일들을

걱정하는 것은

완성된 그림 위에

스케치 하는 것과 같다

나의 가치

미적 거리

적정한 거리를
유지할 때 비로소
가장 아름다운
작품을 볼 수 있다.

똥 피하기

부딪히고 깨지면서
깨닫는 것도 방법이고,
다치지 않고
잘 피해 가는 것도 요령이다.

절벽에서 뛰어내리는 펭귄이 되지 말자

성장이란 나를 알고, 나를 인정하고,
나를 개선해 가는 과정이다.

목표를 세우지만 자주 포기하게 되고
자기 비난하는 시간이 빈번하다면
나를 돌아보는 시간이 필요하다.

내가 어떤 사람인지
알지 못하고 부족함을 개선한다는 건
펭귄이 자신도 독수리처럼
멋지게 날 수 있다며
절벽에서 뛰어내리는 것과 같다.

내가 날지 못하는 새라는 걸
인지하고 있다면 과연 절벽에서
뛰어내리는 방법을 선택할까?

성장이란 나를 알고, 나를 인정하고,
나를 개선해 가는 과정이다.

행복 찾기

단점을 만드는 4가지 방법

나에게 관심을 가지고 나를 알아가는 시간은
누구에게나 꼭 필요한 과정이지만

사람들은 간혹 잘못된 방법으로
없는 단점까지 만들어 내는
창의적인 행동을 하기도 한다.
단점을 만드는 방법은 간단하다.

1. 이상적인 가상의 나를 만든다.
2. 비교를 통해 나의 부족한 부분을 찾는다.
3. 단점이라는 폴더 안에 채워 넣는다.
4. 틈틈이 꺼내본다.

아쉽게도 그 폴더 안에
당신이 열심히 채운 것들은
단점이 아닌 욕심일 가능성이 크다.
그리고, 내가 생각하는 나의 단점은
누군가에게는 닮고 싶은
좋은 모습으로 비춰질 수 있다.

토끼와 거북이를 예로 들어보자.

느린 게 단점이라고 생각하는
거북이는 항상 빠르게 앞서가는
토끼를 보며 부러워할 것이고,

반면, 앞만 보고 늘 바쁘게
달려온 토끼는 오히려
여유로운 거북이의 삶을
동경할지 모른다.

내가 어떻게 정의하느냐에 따라
장점이 될 수도, 단점이 될 수도 있다.

살면서 관리해야 할 6가지 M

 MOUTH 입

 MIND 마인드

 MOOD 기분

 MONEY 돈

 MANNER 매너

 MINUTE 시간

대화의 4가지 틈

대화에는 틈이 필요하다.
공감할 수 있는 틈
이해할 수 있는 틈
반응할 수 있는 틈
질문할 수 있는 틈

챙김보다 중요한 이것

진정한 챙김은
배고픈 사람에게
먹을 것을 주고
더위에 지친 사람에게
그늘을 만들어 주는 것이다.
챙기려 하지 말고
관심을 갖자.

목적과 목표

목적이 없는 배움은
쉽게 버려지고,
목표를 가진 배움은
당신을 빛나게 한다.

'함께'와 '하나'

함께한다는 건
각자의 색을 존중하며
나아가는 것이다.

모두가 섞여 검은색이 되는 건
'함께'가 아닌 '하나'인 것이다.

함께하고 싶다면
각자의 색을 잃어버리지 않게
배려하면서 관계를 만들어야 한다.

당신이 완벽할 수 없는 이유

완벽하지 않아서 힘든 게 아니라
완벽해지려 하기 때문에
힘든 것이다.

최상급의 위는 존재하지 않는다.
당신은 이미 완벽한 존재라
더 완벽해질 수 없다.

당신이 해야 할 일은
실패라는 두려움이 나의 시야를
가리지 못하게 걷어내는 일이다.

당신은 이미 완벽한 존재다.

썩은 아보카도의 마지막 선택

"혹시나 부딪혀 멍들지 않을까?"
"누군가에게 밟혀 뭉개지진 않을까?"
나는 상처받는 게 너무 무서운 아보카도다.

늘 숨어 지내야 하고, 조심해야 한다.

하지만 숨어 지내는 날이 길어질수록
오히려 나의 작았던 상처들은 더 깊어졌고,
어느 순간 조금씩 썩어들어 가기 시작했다.

다 포기하고 싶었던 그날
나는 마지막으로 세상 밖에 나가보고 싶어졌다.

더 잃을 것도 무서울 것도 없었다.
그렇게 첫발을 내딛는 순간!
나는 깨달았다.

나는 물렁물렁하고 상처 많은
아보카도가 아닌 그 안에 작지만
단단한 아보카도 씨앗이었다.

그동안 두려움이라는
껍질에 둘러싸여
진짜 나의 모습을 볼 수 없었던 것이다.

그날부터 나는 조금씩 변하기 시작했다.
나를 알게 되면서 성장할 힘도 생겼고,
새로운 뿌리도 내리고, 작은 싹도 자라기 시작했다.

혹시 과거의 상처 뒤에 숨어 있다면
조금만 빠져나와 보길 바란다.
분명 당신은 생각보다 강하고 단단한 존재일 것이다.

아보카도 씨앗처럼 말이다.

동그라미로 살기로 했다

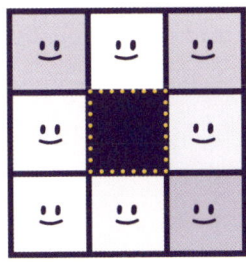

나는 동그라미로 태어났다.

하지만 세상에 나와 보니
모든 게 네모였고,
나도 네모가 되어야만 했다.

둥근 부분을 깎아 내고
날카로운 각을 만들기 위해
수많은 고통을 참고 견뎠다.
나를 더 많이 포기할수록

빠르게 네모가 되어 갔다.
네모가 되면 행복할 줄 알았다.
하지만 현실은 내 생각과 전혀 달랐다.

버티고 이겨 낼수록 이상하게
행복은 점점 더 멀어졌다.

내가 사라지면 행복할 수 없다는 걸
내 몸이 다 깎여 나가고 나서야 깨달았다.

나는 다시 동그라미로
돌아가기로 결심했다.

새살이 돋을 때까지
상처에 약도 발라 주고 외면이 아닌 내면도
깊이 들여다봐 주기로 했다.

극복 말고 연습

스스로에게 하는 조언

거절을 미안해하지 말고,
남들 평가에 휘둘리지 말고,
내가 할 수 있는 일 없는 일 구분하고,
나의 목표인지 남의 목표인지 확인하고,
대가성 도움은 주지도 말고 받지도 말고,
조언인지, 충고인지, 헛소리인지 구분하고,
나의 가치를 알아주는 사람인지 확인하고,
아니다 싶은 건 진짜 아닌 거고,

남들이 원하는 착한 모습으로 살지 말고,
본인한테 가장 착한 사람이 돼라.

정답

타인의 경험이
너의 정답이 되지 않길 바라.

"절망 너머에 희망을 보다."

'교사'라는 이름표를 달고 27년간 아이들과 함께 성장하고 있으며, 심한 사춘기를 지나온 자녀를 키운 '엄마'로 22년째 살고 있습니다.

성장통을 겪으며 학교생활로 인해 힘들어하는 아이들을 봅니다. 밤처럼 어두운 시간을 지나며 눈물짓는 부모들을 봅니다. 그들을 생각하며 글을 씁니다.

아이들은 나무입니다. 오늘도 아이들이 있는 숲으로 갑니다.
아이들과 함께 성장한 경험으로, 당신과 함께 숲을 걷고 싶습니다.

최후의 누리

Nuri @mango_nuri

오늘도 숲으로 간다

*글에 등장하는 모든 이름은 가명임을 밝힙니다.

아이를 보다

아이를 위한 기도

꾀병

아이의 신호

사랑은,

밤은 별을 보게 한다

말 한마디

찢어진 날개

느린 학습자

달팽이

Remember 140416

물결 속 한 방울

학교를 보다

학부모 공개수업

마인드 컨트롤

안타까운 이야기 1

안타까운 이야기 2

언제나 경쟁

화재 경보 오작동

배려

생활 속 민주주의

민호의 실수

롤 플레이(Role play)

에필로그

글 쓰는 놀이터

아이를 보다

아이를 위한 기도

너 가는 길에서,
부디 넘어지지 않기를

혹 넘어져도
다시 일어날 수 있기를

어느 날 도저히 일어날 수 없을 때
누군가 너에게 손 내밀어 주기를

그 손 잡고 일어나
다시 힘내어 걸어갈 수 있기를

그리고 끝끝내,
넘어진 이에게 손 내미는 네가 될 수 있기를

오늘도 두 손 모아
간절한 마음 담아
기도합니다.

꾀병

배가 아파
머리가 아파
목이 따갑고 아파
귀에서 소리가 나
어지럽고 빙빙 돌아

오늘은 네가 학교 가기 싫은 날인가 보다.

여러 가지 이유로 종종 학교를 못 가는 아이가 있어요. 처음엔 학교 가기 싫은 날 꾀병으로 핑계를 만드는 거라 생각했어요. 하지만 시간이 지날수록, 실제로 통증을 느끼거나 심신의 큰 불편함이 있다는 걸 알게 되었죠.
며칠 전, 그 아이는 아픔을 참고 학교에 도착했지만 안으로 들어가지 못했어요. 사람들이 자기만 쳐다보는 것 같아 도저히 교실로 들어갈 수 없었다고 해요. 그날 아이는 하루 종일 거리를 배회했어요. 자신의 아픔을 이해받지 못해서 학교도 집도 들어가지 못했어요. 어른들이 그 아픔을 함께 느끼고 공감해 준다면, 더 이상 거리를 배회하지 않아도 되겠지요.
아이가 느끼는 그대로 인정해 주면 어떨까요. 아픈 곳을 따스히 감싸주면 어떨까요. 아이가 더 이상 아프지 않고 잘 성장할 수 있도록 말이에요.

아이의 신호

"전 사이코패스인가 봐요."

교과서에 삽입된 장발장 이야기를 더 들려주려고 〈레미제라블〉 영상 자료를 준비해 보여줬는데, 찬영이가 수업 마칠 때 나직이 한 말이다.

"장발장이 잡혀서 죽어버렸으면 좋겠어요. 다른 사람이 웃고 행복한 게 보기 싫어요."

하필, 찬영이 손에 가위가 들려 있어선지 순간 섬뜩했다. 평소에도 웃음기 하나 없이 불평 섞인 말투가 습관인 아이라 예사롭게 들리지가 않았다.

찬영이는 한국인 아빠, 중국인 엄마를 둔 다문화 가정의 외동아들이다. 매일 저녁 늦게까지 학원에서 공부하는 게 불만인가 보다. 아마도 일하느라 바쁜 부모님은 아이를 저녁까지 학원에 보낼 수밖에 없는 듯하다. 그런 찬영이는 부모님 품이 늘 그립고, 집에선 혼자라 언제나 외로운 아이다. 가위를 들고 자기가 사이코패스인 것 같다고 말하는 것은 관심과 사랑을 받고 싶다는 아이의 신호인 것이 분명했다.

"찬영아, 난 네가 좋은 아이라는 걸 알아. 요즘 마음이 힘들어서 그런 거지? 언제라도 도움이 필요하면 손 내밀어. 선생님이 잡아줄게."

아이의 아픈 마음이 찬바람에 얼어붙은 거라면 누군가의 입김으로 녹여지기를. 교실을 나오면서 찬영이 손에 하리보 젤리를 꼭 쥐여주었다.

사랑은,

고양이 보드라운 털에
비비대며 좋아하다
알러지로 정신없이 재채기하는 것

강아지 눈망울에 빠져들어
안아 들고 이뻐하다
허우적대는 발버둥에 할퀴어지는 것

세상에서 엄마가 젤 좋다며
갖은 재롱 다 피우다
질풍노도 사춘기 짜증과 우울로
온갖 생채기를 남기는 것

그래도,
아프고 힘들어도 계속하고 싶은 것

사랑은, 그런 것

밤은 별을 보게 한다

살다 보면 터널같이 길고 어두운 시간을 만날 때가 있다. 무섭고 외로운 시간이지만 조용히 잠잠하게 밤하늘을 바라보면 그곳엔 크고 작은 별들이 반짝인다. 항상 거기 있었지만 어두운 밤이 되어야 볼 수 있듯, 밤은 별을 보게 한다.

얼마 전, 딸아이가 ADHD 검사를 받아보고 싶다고 했다. 학교생활과 일상에 어려움이 있는 듯했다. 처음엔 그럴 리 없다고 생각했지만, 본인의 의지가 확고해서 몇 해 동안 다녔던 병원 선생님과 상담을 했다. 선생님은 간단한 검사를 해보시더니 조용한 ADHD 진단을 내리셨다. 겉으론 의연한 척했지만, 마음에 돌덩이 하나가 '쿵'하고 떨어졌다.

하지만 차분히 생각해 보니, 오랜 시간 동안 딸아이와 있었던 많은 갈등과 이해하기 힘들었던 일들이 하나하나 퍼즐 맞추듯 명쾌해졌다. 오히려 마음이 편하고 기뻤다. 아이도 자신을 탓하며 속상했던 일들에 대한 답을 알게 되니 좋은 것 같았다. 어두움 속에서 빛을 본 느낌이었다. 그리고 아이가 힘들 때 속마음을 터놓고 이야기해 주어서 고맙고 감사했다.

이 마음을 담아, 오늘은 아이에게 편지를 쓴다.

사랑하는 봄, 샘에게

살다 보면 햇살이 좋은 날, 바람이 부는 날, 갑자기 폭우가 쏟아지는 날, 그리고 때론 밤 시간이 끝날 것 같지 않은 어두운 터널을 지나는 시간을 만나기도 한단다.

힘들 때 기억하렴. 밤은 별을 보게 한다는 걸.

그 별은 엄마야.

그 별은 아빠야.

그 별은 사랑하는 너의 친구들이야.

그 별은 우리가 함께했던 모든 시간이야.

그 별은 네가 좋아하는 음악이고 네가 좋아하는 그림이고 네가 좋아하는 달콤한 케이크야.

맑은 하늘 아래에선 잘 보이지 않고 당연했던 모든 것들이 어두운 밤하늘에 또렷이 보이는 별처럼 너에게 보이길.

그리고 이 모든 것에 감사한 마음으로 밤 시간을 잘 견뎌내길 두 손 모아 기도한다.

아이야, 오늘도 사랑한다. 어제보다 하루 더 많이.

말 한마디

출근길 라디오에서, 아이와 싸운 한 엄마의 사연을 들었다. 날카로운 얼음이 되어 마음을 찌르는 아이의 말에 마음이 힘들다 했다. 이어지는 DJ의 말이 참 좋았다.

"그것은 어쩌면 눈이 얼어 만들어진 얼음일지도 모릅니다. 그러니 엄마의 따뜻한 말 한마디로 금세 눈 녹듯 사라질지도 모르죠. 아이에게 따뜻한 말 한마디 건네주세요."

DJ의 순간적 대답인지 작가가 적어준 대본인지 모르나, 요즘 부쩍 자주 말로 상처를 주고받는 딸아이가 생각나 DJ의 말이 마음에 살포시 내려앉았다.

이기주 작가의 《말의 품격》에 나오는 아름다운 문장이 떠오른다.
"당신의 말이 누군가에게 한 송이 꽃이 되길."
오늘, 나의 말은 차가운 얼음이었는지 한 송이 꽃이었는지 잠시 생각해 본다.

따뜻한 말 한마디. 호호 불어 따스하게 품었다가 딸아이에게 좀 더 자주 해줘야겠다.

찢어진 날개

한 아이의 휴지통에서 발견한 그림이야.
찢어진 날개에서 스며 나오는 피가 아파.
아이의 마음이 느껴져 나도 아파.
아래로 추락하듯 떨어지는 그림일까,
그럼에도 날아오르는 비상의 그림일까.
그 아이의 마음을 알고 싶어.

> 심한 사춘기를 겪는 아이가 그린 그림을 휴지통에서 발견했어요. 한없이 자유롭고 아름답게 날아야 할 나비의 날개가 찢긴 채 피를 흘립니다.
> 우리나라 많은 청소년들이 비슷한 마음 아닐까 하는 생각이 들었어요. 꿈을 찾아 훨훨 날고 싶지만, 대학 입시제도 아래 어깨를 짓누르는 시험의 압박에 날개가 찢어져 버린 건 아닌지… 찢어진 자리에 맺힌 피가 절망과 아픔의 눈물로 느껴져 마음으로 함께 울었습니다.
> 추락하듯 떨어지는 나비 그림을 거꾸로 놓으니, 마치 비상하는 것처럼 보이네요. 찢어진 날개로 아파하는 아이들이 다시 날 수 있기를, 자유롭고 행복한 세상을 살아가기를 소망합니다.

같은 그림, 다른 느낌

〈추락〉과 〈비상〉 사이

느린 학습자

드라마 〈정신병동에도 아침이 와요〉에는 '김성식 씨'가 등장한다. 늘, "죄송합니다."를 달고 사는 그는 상사로부터 지속적으로 가스라이팅을 당해왔다. 상사의 지적과 비난은 모든 실수의 원인이 자신의 잘못이라 생각하게 만들었고, 그 생각은 조금씩 조금씩 자신을 갉아먹고 있었다.

더 잘해야 한다는 생각이 강박으로 이어져 화장실마저도 편하게 가지 못하고 손톱 열 개는 다 뜯기고 부러져 뭉툭해졌다. 유리장 안에 갇힌 듯 모든 이의 따가운 시선으로 정신없이 괴로워한다.

누군가의 폭력에 눈을 빼앗기고 갈 곳 없는 고양이 '후크선장'은 김성식 씨 자신을 똑 닮았다. 집사로 간택되어 정성껏 돌보는 모습은 마치 불쌍한 자신을 케어하는 것 같다.

김성식 씨가 상사에게 끊임없이 당하는 장면은 여러 가지 생각을 하게 만들었다. 드라마니까, 시청자 입장에서 우린 김성식 씨 편이다. 상사는 개자식이다.

하지만, 현실은 어떨까. 집과 학교에서, 그리고 회사에서 우리는 김성식 씨와 비슷한 느린 학습자를 자주 만난다. 착하고 좋은 사람이지만 행동이 느리고 잦은 실수로 민폐를 끼치는 그들에게 우리는 어떻게 대하고 있을까. 개자식 그 상사처럼은 아니

더라도 주변에 있는 수많은 방관자들과 크게 다를 게 없지 않을까 조심스레 생각해 본다. '네가 잘하면 되잖아.', '왜 이리 느리고 실수가 많아.', '또 너야? 언제까지 그럴래?'… 이런 맘으로 개자식 상사와 같은 모습을 하고 있진 않은지. 하지만 그들 중 어느 하나라도 김성식 씨의 편이 되어준다면, 용기 내어 개자식에게 항의해 준다면, 유리방을 노려보는 이들을 말려준다면, 김성식 씨는 조금 덜 아프지 않았을까.

우리 주변에 혼자 힘들어하고 아파하는 수많은 김성식 씨의 편이 많아지면 좋겠다.

달팽이

느려도 괜찮아
네가 지고 가는 그 집이
때론 숨고 싶은 그 집이
얼마나 무거울지 난 알아

천천히, 조금씩,
그래도 괜찮아

> 유독 이해가 느리고 집중을 잘하지 못하는 아이들이 있어요. 가장 속상하고 답답할 그 마음을 느껴봅니다.
> 부모, 교사, 어느 어른이라도 그 아이만큼 힘들고 속상하진 않을 테지요. 조금 느려도 자신의 속도에 맞추어 걸을 수 있도록 도와주세요. 혼자 뒤처진다는 생각에 어디선가 외로워 울고 있는 아이에게 느려도 괜찮다고 말해주세요. 그냥 꼬옥 안아주세요.

Remember 140416 🎗

100년에 한 번 내려오는 선녀의 치맛자락에
바위가 닳아 사라지는 시간

1,000년에 한 방울 떨어지는 물방울이
커다란 바위에 구멍을 내는 시간

끝이 보이지 않는 아픔 속에
몸부림치는 이들의 기나긴 시간
영원히 끝나지 않을 그 고통의 시간

차가운 물 속에 아이를 잃은 어미는 가슴을 쥐어짜며 영겁의 시간을 산다.
그때도 지금도, 내가 할 수 있는 일은 그저 잊지 않고 기억하는 것, 그것뿐이다.

물결 속 한 방울

예전에 TV에서 성공한 사람의 인생을 인터뷰한 다큐 프로그램을 보았다. 그 사람이 한 말 중, 내 머릿속에 콱 박혀 각인된 한 문장이 있다.

미국에서 공부하면서 너무 어려운 상황일 때 등록금을 내주신 교수님이 있었는데, 감사한 마음에 "성공하면 은혜를 잊지 않고 꼭 갚을게요."라고 했단다. 그랬더니 교수님이 무심하게 툭 던진 말, "Pass it on!"

자기에게 갚지 말고 그 은혜를 도움이 필요한 다른 이에게 전달하라는 거였다. 그리고 그 도움이 계속 전달되고, 전달되고, 또 전달되도록. 이것이 그가 말한 'Pass it on'이었다.

우리 아이들도 여러 분야에서 성공하는 사람이 되었으면 좋겠다. 혼자 잘 먹고 잘사는 게 목적이 아니라, 자신의 성공이 타인을 위한 나눔으로 이어진다면 좋겠다. 사회 기부 또는 기여의 물결이 계속해서 이어지고 또 이어진다면 세상은 얼마나 따뜻할까.

꼭 대단하지는 않더라도 자신에게 있는 작은 재능, 작은 물질, 작은 시간을 나누는 삶을 살기를, 아름다운 물결의 한 방울이 되기를 바란다.

학교를 보다

학부모 공개수업

학부모 공개수업을 했다.

시작 전 쉬는 시간에 귀염둥이 예린이가 곁으로 와서 조용히 물었다.

"선생님이 어릴 때도 학부모 공개수업 있었어요?"

"아니, 아주 오래전이라 없었던 거 같아. 왜?"

"아니에요…"하고 말끝을 흐렸다.

아마도 엄마가 안 오신 것 같았다. 물어보니 바빠서 못 오셨단다. 속상해하는 아이의 등을 쓰담쓰담 해주었다. 그리고 선생님이 엄마라고 생각하고 수업하자고 말해주었다.

평소 발표도 잘하고 적극적인 아이인데 수업 시간 내내 조용히 있었다. 마음이 짠했다. 수업이 끝나고 또 곁으로 온다.

"예린아, 오늘도 수업 너무 잘했어."

"네."하며 내 팔을 슬그머니 감싸 안는다.

그냥 아무 말 없이 꼭 안아주었다. 아이의 얼굴은 웃는데 눈물 한 방울이 똑 떨어졌다.

마인드 컨트롤

5학년 아이들 영어단어 시험시간이었다.

평소 수업 태도도 적극적이고 학업 성취도도 높은 지우가 불안함을 보이며 복습 시간을 더 달라고 했다. 충분히 잘할 수 있는데 불안해하는 모습이 안타까웠다.

"애들아, 중요한 걸 하나 알려줄게. 언제나 '연습은 실전처럼, 실전은 연습처럼' 하는 거야. 무엇이든 준비는 철저히 하되, 실전에선 마음을 편히 해야 해. 시험 볼 땐 평소에 공부하는 것처럼 편안하게 해봐. 이걸 마인드 컨트롤이라고 해."

아이들의 눈이 반짝거렸다. '연습은 실전처럼, 실전은 연습처럼'을 입으로 중얼거리며 따라 말하는 아이들도 보였다. 그리고 더 중요한 걸 이어서 말해주었다.

"살다 보면 너희가 정말 열심히 준비하고 간절히 원하지만 주어지지 않을 때도 있단다. 그럴 땐 받아들이는 거야. 이 또한 마인드 컨트롤이지. 그 시간이 지나고 나면 그럴 수밖에 없는 이유가 있었다는 것을 알게 되기도 해."

아직 어린아이들이기에 다 이해하진 못했을지도 모른다. 하지만 그중 누구 하나라도 씨앗을 심듯 마음에 꼭꼭 눌러 심어놓았으면 좋겠다. 훗날, 마인드 컨트롤이 필요할 때 쏙쏙 뽑아 사용한다면 그걸로 족하다.

안타까운 이야기 1

영어 공책에 알파벳을 쓰며 연습하는 시간이었다. 연필을 꼭꼭 눌러 필순에 맞게 쓰도록 지도하는데 지렁이 꼬부랑 글씨로 휘갈겨 쓴 아이가 있었다.
"승호야, 글씨를 바르게 다시 써보자."
승호는 지우개로 벅벅 지우면서 들으라는 듯 한숨을 푹 쉬며 짜증스런 소리를 냈다.
"승호야, 쓰는 게 많이 힘들구나(공감). 다시 쓰기 싫어요(존대와 존중)?"
삐딱한 눈으로 올려보며 돌아온 대답은, "그럼 쓰고 싶겠어요?"였다. 이 아이는 겨우 3학년이다.

하고 싶은 것만 하고, 하기 싫은 건 무조건 안 하며 살 순 없다. 때론 하고 싶어도 참아야 하고 하기 싫어도 해내야 한다. 그것을 가르치는 것이 교육이다.
어쨌든 기분이 상한 건 인정, 그래도 할 건 하자 승호야.

학기 초, 아이들이 많이 피곤한 시기인 건 알지만 두 시간 연속 고개가 뒤로 젖혀지게 졸고 있는 아이가 있었다. 어디가 아폰지 물어봐도 괜찮다는 대답뿐이었다. 많이 힘들면 잠시 엎드려 있어도 된다 말하고 수업을 이어갔다. 혹시 아이가 가정에서 힘든 일이 있는 건 아닐까 싶어 쉬는 시간에 조용히 물었다.

   아이의 대답은, "요즘, 밤 12시까지 공부하고 자요. 그래서 많이 피곤해요." 이 아이도 고작 3학년.

   이를 어쩌나. 아이들은 많이 놀고 많이 자야 한다. 그래야 몸과 마음과 정신이 건강하다. 건강해야 공부도 한다.

> 초등 부모님께
> 아이들의 에너지도 총량이 있어요. 집에서 공부를 너무 많이 하게 되면, 아이는 이미 방전되어 학교에서는 무기력해지거나 다 안다는 착각으로 성실함을 잃을 수도 있어요.
> 하교 후엔 '쉼'을 허락해 주세요. 쉴 때 무얼 하면 좋을지 아이와 부모님이 함께 정하여 지킬 수 있게 해주세요. 몸과 마음이 건강하게 자랄 수 있도록 도와주세요.

안타까운 이야기 2

　서은이가 현지에게 욕설을 했다. 욕을 들은 현지는 되돌려주려는 심보였는지 서은이에게 수십 번의 욕설과 비하하는 말을 문자로 보냈다.
　폭력에 경중의 잣대를 대는 건 맞지 않지만, 너무 심하다 느낀 서은이가 학폭 신고를 했다. 서은이 부모님은 언어폭력의 수위가 높고 아이가 무서워하니 즉각 분리 조치를 요구했다. 가해 학생 입장이 된 현지는 정해진 기간 동안 가정학습을 해야 했다.
　그런데 상황이 역전되어 현지의 부모님도 '먼저 욕한 건 서은이'라며 쌍방 학폭 신고를 했다. 똑같이 분리 조치를 요구했다. 하지만 먼저 신고한 서은이의 부모님은 이를 받아들이지 않았다. 아이를 등교시키겠단 거다. 매뉴얼대로라면 교실에 들어갈 수 없지만 계속 등교했다.
　업무 담당자는 두 아이의 어머니 사이에서 종일 전화 응대를 하다 늦은 퇴근을 해야 했다. 양쪽 다 팽팽하게 물러설 기미가 보이지 않았다. 이게 무슨 짓인가 싶었다.
　사실, 두 녀석 다 자기의 입장을 이야기하고 나서 서로 사과하면 끝날 일이다. 그러고 나면 아마 다시 사이좋게 지낼 수도 있을 거다. 때론 오히려 어른들이 더 크게 싸운다. 타협도 없고 양보도 없다. 부끄러운 일이다.

언제나 경쟁

무의식적으로 사용하는 경쟁 교육을 의식적으로 줄이려 한다. 두 딸이 어렸을 때, 밥 한술 더 먹여보자고 숟가락을 비행기처럼 움직이며 "누가 더 맛있게 먹나~"하며 놀이 삼아 경쟁시켰다.

달리기도 개인의 기록을 성장시켰으면 좋았을 텐데… 꼭 두세 명씩 조를 짜서 1, 2, 3등을 줄 세웠다.

경쟁이 반드시 나쁘다고 말할 순 없지만, 인지하지 못한 채 경쟁을 도구 삼아 몰아붙이는 게 일상인 듯하다. 가정, 학교, 사회가 다 그렇다.

수업에 게임을 활용할 때가 많다. 이기는 팀만 스탬프(칭찬도장) 주는 게 맞지 않다 생각해서 이긴 팀은 두 개, 진 팀에게도 '열심'을 칭찬하며 한 개를 줬었다. 하지만 최근 다시 바꿨다. 이기든 지든 열심히 했으면 모두 스탬프를 똑같이 한 개 준다. 이긴 팀 아이들 중 간혹 "이겼으니까 더 주세요."하는 아이가 있다.

내 대답은 이거다.

"이겨서 기분 좋지? 그게 스탬프보다 좋은 보상이야.^^"

화재 경보 오작동

지난겨울, 학교에서 갑자기 화재 경보가 울렸다.

평소 대피 훈련을 잘 받아온 아이들은 종종걸음으로 건물 밖으로 나갔다. 침착하게 대피하는 모습이 대견했다. 잠시 후, 너무 추운 날씨로 인한 경보 오작동이었다는 안내방송이 나왔다. 교실로 발걸음을 옮기는 복도 끝에서, 어린 학생 한 명이 담임 교사 눈을 피해 엄마와 통화하는 것을 보았다.

"엄마, 경보 잘못 울린 거라고 방송 나왔어. 다시 교실로 가고 있어." 그 모습을 보며, 아이들은 학교에서 일어나는 일들을 전화로 알리고 부모들은 그래야 안심한다고 생각하니 씁쓸한 웃음이 나왔다. 학교를 믿고 아이들을 편하게 맡기면 얼마나 좋을까 생각했다. 그런데, 순간 생각이 바뀌었다. 어쩌면 학교를 못 믿는 게 아니라 이 사회를 못 믿는 걸 수도 있겠다는 생각으로 말이다.

세월호 사고, 대학 신입생 눈 압사 사고, 무서운 흉기 사건 등, 학교와 사회에서 일어나는 수많은 사건 사고들을 보며 많이 불안한 것 같다. 충분히 그럴 수 있겠다. 너무 이해된다. 그리고 마음이 아프다. 나 또한 부모의 입장이기에 가만히 생각해 보면, 사건 사고가 많은 사회에서 아이를 키우는 것이 어찌 걱정되지 않을 수 있을까 싶다.

아이뿐만 아니라 불안한 부모의 마음까지도 이해하고 믿음을 주는 것 역시 교사의 역할이라고 생각한다. 학생, 학부모, 그리고 교사가 서로 신뢰하고 의지하는 관계가 되기를 바란다.

배려

추석 연휴를 마치고 다시 만난 아이들은 너도나도 즐거웠던 일을 쏟아내느라 정신이 없다. 그중 경쟁하듯 자랑하는 말,
"저 용돈 이십오만 원 벌었어요."
"할머니가 십만 원 주셨어요."
용돈을 벌었다는 말도, 받은 액수를 자랑하는 것도 거슬린다. 인성교육에 방아쇠가 당겨졌다. 공부가 뭣이 중헌디~
"얘들아, 추석은 용돈 받으려고 있는 날이 아니야. 그리고 그걸 자랑할 일도 아니지. 용돈 받은 친구들은 기분이 좋겠지만, 혹시 용돈을 받지 못하는 친구들도 있다는 걸 생각해야 해. 그게 다른 사람을 위한 배려란다. 그러니 용돈 자랑은 지금부터 금지!"
거기에 덧붙여,
"다른 사람을 배려하는 마음과 태도를 배우는 것도 공부만큼이나 중요한 거야. 잊지 마."
신기하다. 이런 이야기는 귓등으로도 안 듣고 싶어 할 것 같지만, 그 반대다. 아이들 눈이 반짝거린다. 마치 태어나서 처음 들어보는 말인 것처럼. 어쩌면 어른들이 반드시 가르쳐야 할 것도 지나치는 게 아닌가 싶다.
아이들은 잘못이 없다. 어른이 좀 더 신경 써야 할 문제다.

생활 속 민주주의

얼마 전, 중앙대 김누리 교수님을 만나 이야기를 나눈 적이 있다. 우리나라는 생활 속 민주주의가 거의 이루어지지 않았다는 교수님의 말씀이 인상적이었다.

다양한 의견을 수용하고 여러 절차를 거쳐야 하는 민주주의는 어렵다. 때론 귀찮고 힘들다. 그래서 상하 수직관계로 지시하고 이행하는 모습을 많이 볼 수 있다. 하지만 생활 속 민주주의는 매우 중요하다. 부모와 자녀, 교사와 학생, 기업과 근로자가 강자와 약자가 아닌 수평적 모습으로 상호 존중의 관계가 되어야 한다. 특히 사회의 축소판인 교실과 학교에서 학생들은 민주주의를 체험하며 배워야 한다.

"선생님, 자리 정하는 방법을 회의로 정했으면 좋겠어요!"

5학년 담임을 할 때였다. 학생들을 키 순서로 앉혔는데, 어느 날 정현이가 손을 번쩍 들더니 회의로 자리를 정하자고 건의를 했다. 키 순서로 앉힌 이유를 설명해 주어도, 아이들은 정현이의 발언에 힘입어 너도나도 불만을 터뜨렸다. 순간 당황했지만 아이들의 말이 일리가 있어서 받아들이기도 했다.

아이들이 회의하는 모습은 정말 진지했다. 각자 생각한 방법을 제안하고 그 이유를 덧붙여 근거를 제시했다. 스스로 판단하고 선택하는 과정을 통해 아이들은 자리 정하는 순서를 민주적으로 결정하고 있었다. 교사가 정해준 자리 대신 학생들이 정한 방법으로 앉으니 불만도 거의 없었다.

정현이가 건의했을 때 교사의 권한이라는 이유로 의견을 묵살했다면, 아이들은 제대로 된 생활 속 민주주의를 경험하지 못했을 거다. 학교와 교사는 학생들이 편안하게 하고 싶은 말을 할 수 있는 분위기를 만들어 주어야 하고, 교사와 학생은 서로의 이야기에 귀를 기울여야 한다. 수평적 질서와 수직적 질서가 만나는 교차점에서 서로를 존중할 때 생활 속 민주주의가 실현된다.

아이들이 가장 먼저 만나는 작은 사회인 교실과 학교에서 먼저 진정한 민주주의가 꽃피었으면 좋겠다. 아이들은 어떤 의견도 제시할 수 있고, 교사는 아이들의 이야기를 정성껏 귀담아들으며, 서로 존중하고 모두가 행복한 교실을 꿈꾼다.

민호의 실수

시험지 채점을 하다 보면, 분명 다 맞을 것 같았는데 작은 실수로 하나 틀리는 아이들이 있다. 경험상 이런 아이들 중 몇몇이 종종 점수 확인 과정에서 답을 슬쩍 고치고 채점이 잘못됐다 말하곤 한다.

오늘 평가지를 나누어 줬더니 민호가 들고나와 채점이 잘못된 것 같다고 했다. 올 것이 왔구나! 채점하면서 민호가 i 하나를 빼먹고 써서 딱 한 문제 틀렸는데, 왠지 모르게 사진을 찍어놓고 싶더라니.

"민호야, 선생님이 채점할 때 여러 번 확인했는데… 채점 잘못된 거 맞아?"하면서 지그시 눈을 맞추니, "네, 여기 흐리게 i 썼는데 틀렸다고 되어 있어요."하며 스을쩍 눈을 피한다.

"다시 한번 잘 생각해 봐. 아, 그리고 틀린 친구들 거 사진도 찍어놨는데…"하며 휴대폰을 뒤적이니 금세 태세를 바꾼다. "제가 확인하면서 잘못 봤나 봐요."

들어가려는 아이를 불러세워 다시 한번 눈을 맞추며 말해주었다. "네가 꼭 기억해야 할 중요한 게 있어. 점수는 얼마 안 가 사라질 숫자에 불과하지만, 양심과 정직은 평생 네 안에 자리 잡는 거야. 오늘 일을 잊지 마."하고는 자리로 들여보냈다.

이런 일이 있을 때 난 전혀 화가 나지 않는다. 성장하면서 있을 수 있는 일이고, 나 또한 더한 거짓말도 수차례 해보았으니.

그리고 민호는 심장이 콩콩 뛰며 하나를 새삼 배웠을 거다. 오늘 일이 그 아이의 마음에 오래도록 머물러 바르게 성장하도록 도와주길 바랄 뿐이다.

롤 플레이(Role play)

　영어 시간에 아이들이 무척 좋아하는 활동 중 하나가 역할극(Role play)이다. 영어를 잘하든 못하든 친구들과 어울려 큰 소리를 낼 수 있고, 교실에서 얼마든지 움직일 수 있으니 얼마나 자유롭고 좋겠나 싶다.

　준비활동 시간에 아이들을 보면 왁자지껄 떠들며 장난치나 싶어도 아이들 나름대로 각자의 역할에 충실함을 발견하곤 한다. 자칫 쉽게 생각하면 영어 듣기·말하기가 잘되는, 소위 공부 잘하는 아이가 대사도 잘 외우고 역할극 준비도 잘할 것 같다.

　하지만 매번 느끼는 건, 반드시 그렇지만은 않다는 것이다. 영어 리딩을 도와주는 아이, 동선을 정해주는 아이, 소품을 가져오는 아이, 심지어 종이나 블럭을 이용해 소품을 만드는 아이도 있다.

　가장 하이라이트는 '연기'인데, 참 재미있는 사실은 평소 수업 시간에 까불고 들썩거리는 아이가 연기할 때 빛이 나는 경우가 많다는 것이다.

　어쩌면 인생은 커다란 무대와도 같다. 아이들은 커가면서 '인생'이라는 무대 위에서 다양한 역할을 만나게 될 것이다. 롤 플레이를 할 때 각자의 역할 하나하나가 모두 중요하다는 것을 생각하며, 연극을 하듯 재미있게 자신의 색깔과 모양대로 반짝반짝 빛날 수 있기를 오늘도 바라본다.

에필로그

글 쓰는 놀이터

오랜 시간, 글 쓸 기회를 놓쳤다.

글을 쓰고 싶은 마음을 참 오래도 품고 살았다. 가만히 돌이켜 보니 이미 초등학교 시절부터 표지에 '시집'이라 쓴 공책에 1일 1동시를 쓰며 놀았고, 각종 글짓기 대회에서 수상도 꽤 했었다. 학창 시절, 라디오에 사연을 보내면 십중팔구는 DJ의 낭랑한 목소리로 나의 글이 읽혔고, 선물도 꽤 많이 받았다.

하지만 나의 그 마음은 쉬이 이어지지 못했다. 평생 글을 쓰고 싶어 국문과나 문예창작과에 진학하고 싶었지만 형편상 그리하지 못했다. 오랜 바람이었던 작가 교육원까지 수료하면서도 습작만 남기고 거기서 멈췄다. 개설만 해놓은 블로그, 열어만 놓은 브런치 서랍, 다 쓰기도 전에 책장 어딘가로 밀려 들어간 나의 일기장들… 워킹맘으로 사느라 분주한 나날이었다는 게 궁색한 이유다.

그러나 마음 깊은 곳 나는 안다. 이것은 모두 마음 주머니를 뒤집어 허공에 날려버려야 할 먼지 같은 핑계라는 걸. 그리고 정말 글을 쓰고 싶은 게 진심이라면, 그 열정을 부싯깃 삼아 타오르게 해야 한다는 걸 말이다.

글 쓰는 놀이터를 찾았다. 같은 마음으로 함께 쓰고 즐겁게 놀면 된다. 혼자는 힘들지만 같이하면 재미있다. 굳이 거창하게 작가니 집필이니 하지 않아도 된다. 그저 쓰고 싶은 마음을 펼치면 그뿐.

이제, 글을 쓸 기회를 잡았다.
.
.
.

"나의 글쓰기 놀이터는 Threads(스레드)라는 곳이에요. 그곳에 들어서면 '새로운 소식이 있나요?'라는 질문이 나를 맞이합니다. 하루를 보내며 만나는 일들이 그저 매일 겪는 단순한 일상일 수도 있지만, 조금만 다르게 바라보면 새롭고 반가운 소식일 수도 있어요.
나의 이야기와 당신의 이야기가 만나 날마다 새로운 소식이 넘쳐나는 곳. 그곳의 친구들은 알게 모르게 선으로 연결되어 인연이 되지요. 거기서 우리 같이 놀아볼래요?"

수학을 좋아해서 공대에 진학했다.
책이 좋아 훗날 따뜻한 공간의 서점을 갖는 게 꿈인 25년 차 회사 대표이사.

바다를 좋아해서 틈만 나면 훌쩍 만나러 간다.
한참을 바다와 이야기 나누고 오는 이 시대의 건강한 공대 휴머니스트.

가족들과 복닥거리며 살았던 어린 날의 기억들이 무척이나 아름답고 소중했음을 50살 넘어 깨달으며, 그 기억을 하나씩 끄집어내어 본다.

박락준

peter_pen 락준 @larkjun

가족이라는 그 뭉클함

룸메이트 외할머니
등 두드려 주는 사이, 아버지
어머니, 사랑하는 내 어머니
원더우먼 둘째 누나
짝꿍, 내 짝꿍
번개맨 아들
그리고 나

룸메이트 외할머니

나에게는 외할머니에 대한 따듯한 기억이 있다.

1남 3녀 중 셋째인 내가 4살 때, 1년 동안 시골 외할머니에게 보내진 적이 있었다. 우리 집 둘째 누나가 많이 다친 이후로 엄마는 그 누나에게 오롯이 집중을 해야 했기 때문이었다.

그 당시 나 또한 엄마의 사랑과 관심을 받아야 할 나이였음에도 1년 동안이나 가족, 특히 엄마와 떨어져 지내게 되었고 어린 4살 꼬맹이는 밤마다 할머니 몰래 울었다. 엄마가 보고 싶었다.

그 울음을 눈치챈 할머니는 "아가, 와 우노?"하고 물으셨고, 나는 "배가 좀 아파."라고 둘러댔다. 그러면 외할머니는 얼른 내 배를 쓰다듬으며 노래를 불러주셨다. "엄마가 섬 그늘에 굴 따러 가면…" 이 노래가 끝나기 전에 눈물을 훔치던 꼬맹이는 이내 잠이 들었다.

그 시골집 마당에는 큰 감나무 한 그루가 있었는데, 그 감나무에는 따도 따도 없어지지 않을 만큼의 감이 주렁주렁 매달려 있었다. 외할머니는 빨갛게 잘 익은 감을, 엄마와 떨어져 서울에서 내려온 어린 손자에게 매일 하나씩 따주셨다. 덜 익은 감은 쌀 뒤주에 깊이 묻어두시며, "여기에 두면 빨리 익어."하셨다.

감을 더 먹고 싶은 마음에 내가 감나무에 올라가겠다고 하면 외할머니는 마치 지구가 망하기라도 하듯 손을 휘휘 저으시며 어디선가 긴 장대를 가지고 와서는 얼른 감을 따주셨다.

　이렇게 1년 동안 난 시골에서 외할머니와 같이 방을 쓰며 지냈다.

　외할머니는 내가 중학생이 되었을 때 서울로 올라오셨고, 10년 만에 우리는 다시 방을 같이 사용하는 룸메이트가 되었다.

　그러던 어느 날, 친구와 놀고 싶은 마음에 엄마에게 거짓말을 하고 친구 집에서 실컷 놀다가 늦게 집에 들어갔다. 거짓말은 이내 들통이 났고 그 벌로 나는 대문 밖으로 쫓겨나는 신세가 되었다.

　지나가는 사람들에게 창피하기도 하고 이렇게 밖으로 쫓아낸 엄마에게 화도 나고 복잡한 감정에 울음이 터지려고 하던 순간, 대문이 스윽 열리며 외할머니가 나오셨다.

　할머니는 내 손목을 잡고 들어가자고 하셨고 나는 그 말이 정말 반가웠지만 "할매, 안 돼! 나 엄마한테 혼나!" 그러자 할머니는 "개안타. 니는 내 뒤에 꼭 붙어 있그래이!"하면서 슬며시 나를 우리 방으로 데리고 들어가신다.

　방으로 들어온 나는 행여 엄마에게 혼날까 봐 할머니 이불 속으로 쏙 들어갔다. 그런데 이불 속 발치에 뭔가 걸린다. '뭐지?' 하고 꺼내보니 내 운동화였다. 추운 아침, 등교할 때 따뜻하게 신고 가라고 매일 밤 할머니는 밤새 당신 이불 속에 내 신발을 품고 주무셨나 보다. 목구멍에서 뜨거운 무언가가 훅 올라왔다.

해가 뉘엿뉘엿 떨어지는 시간이 되면 내 손목을 단단히 잡아주시던, 살은 하나도 없이 거죽만 남은 외할머니의 따스웠던 손이 떠오르며 갑자기 보고 싶다.

'내 룸메이트 외할매… 많이 보고 싶데이…'

등 두드려 주는 사이, 아버지

나에게는 태산과 같이 든든한 아버지가 있다.

아버지는 내 대학입학시험 날에 나와 함께 시험장까지 동행해 주셨다. 연년생인 누나가 재수를 하는 바람에 나와 같은 날 시험을 보게 되었고 그로 인해 어머니는 누나와 함께, 아버지는 나와 함께 시험장에 가게 된 것이다.

시험을 마치고 걸어 나오는데 교문 밖 많은 부모님들 사이에서 간절히 기도를 하고 계시던 아버지의 모습이 보였다. 그 간절하게 기도하시고 계셨던 모습은 지금까지도 내 머릿속에서 잊히지 않는다.

아버지 역시 쏟아져 나오는 학생들 무리에서 이내 나를 발견하시고는 손을 흔들며 인사해 주셨다. 그리곤 내게 아무것도 묻지 않으시고 "아들, 오늘 수고 많이 했어."라고 하시며 내 등을 두드려 주셨다. 시험은 잘 봤는지, 어렵지는 않았는지, 어떻게 봤는지 얼마나 궁금하셨을까…

그런 아버지가 재작년에 알츠하이머 판정을 받으셨고, 올해 초부터는 부쩍 상태가 안 좋으시다. 이제 아버지는 매년 인지능력 테스트를 받으신다. 오늘이 그 테스트를 받는 날이다.

의사 선생님 앞에서 많이 긴장하신 듯 연신 나를 쳐다보신다. 분명 도와달라는 눈빛이다.

역시나 첫 질문부터 막힌다.

"아버님, 올해 연세가 어떻게 되세요?"

"음… 나 그거 이제 안 세알리는데…"

"오늘 아침에 뭐 드셨어요?"

"음… 아주 맛있는 거 먹었어."

"오늘이 몇 월 며칠이고 무슨 요일이에요?"

"에이, 그게 뭐가 그렇게 중요하노?"

이렇게 20여 분간의 인지능력 시험을 무사히 마치고 나오셨다. 살이 하나도 없는 아버지의 등을 두드려 주며 나는 큰 소리로 말했다.

"우리 아빠, 오늘 수고했네! 이제 맛있는 밥 먹으러 가요!"

그래. 오늘이 며칠인지, 나이가 몇 살인지, 아침에 뭐 먹었는지 뭐가 그렇게 중요한가. 치매 몇 등급인지는 뭐 그렇게 중요한가. 가끔 날 못 알아보시면 좀 어떤가.

이렇게 아버지가 내 곁에 살아 계시면 되지.

그래. 그러면 충분하다.

어머니, 사랑하는 내 어머니

내 어머니는 오빠가 두 분 계셨다.

6.25 전쟁통에 두 오빠를 잃어버리고 수십 년이 지난 후 TV에서 시작된 이산가족 찾기 프로그램에 얼마나 연락을 많이 하셨는지 모른다. 행여나 누군가 극적으로 상봉하는 장면이 TV에 잡히면 당신 일처럼 좋아하시며 눈물을 훔치곤 하셨다.

하지만 이제는 75년 전에 잃어버린 두 오빠를 놓아드린 듯하다. 제사상에 술잔이 두 개 더 올려져 있으니 말이다.

어머니는 오빠들을 모두 잃고 부모님과 살다가 대학생이 되면서 부모님을 떠나왔다. 혼자 서울에서 학교 다니고 졸업 후 교편을 잡으셨다. 가만히 생각해 보면, 어머니는 전쟁통에 멀쩡하게 두 오빠를 잃어버리고 부모 곁을 떠나 멀리서 혼자 지내면서 무척이나 외로우셨을 것 같다.

아마도 그것이 결혼해서 자식을 넷이나 낳은 이유일 것이다. 사랑하는 남편, 그리고 자식들과 함께 외로움 없이 살고 싶으셨을 것 같다. 그러나 그 자식 네 명이 모두 해외에 살고 있고, 옆에서 평생을 든든하게 지켜주던 남편은 알츠하이머 환자로 24시간 당신의 손길만 찾고 있다. 어머니 앞에 놓인 이 현실이 어머니를 더 외롭게 할 것만 같다.

퇴근하고 본가에 들렀는데 어머니는 검은 옷을 갈아입으시면서 나를 조용히 부르셨다. 그러곤 종이 한 장을 쓱 건네신다.
"오늘 내 친구가 죽어서 장례식장 다녀왔어."
"근데 이건 뭐예요?"
"10년 전부터 꾸준히 만들어 온 건데 나 죽으면 네가 연락해야 할 사람들 명단이야."
무거운 마음으로 명단을 훑어보니 찍찍 줄 그어진 이름들이 군데군데 눈에 띈다.
"여기 줄 그어진 이름들은 뭐예요?"
"응, 이미 죽은 사람들이야. 많이들 죽고 이제 얼마 남지도 않았네. 내 차례도 가까이 오는 느낌이야."
듣는 나는 무거웠는데 어머니는 그렇게 의연한 모습으로 말씀하신다.

본인 장례식에 초대하려고 한 사람이 먼저 죽어서, 그 사람 장례식장에 참석하는 어머니의 마음은 어떨까? 외로움이 조금씩 더해지지 않을까 하는 마음에 어머니가 안쓰럽다.

   서울 출장 오면 더 자주 찾아뵈어야겠다.

원더우먼 둘째 누나

나에게는 나와 생일이 같은 누나가 있다. 둘째 누나의 돌잔치 날에 내가 태어났으니 서로 생일이 같다.

누나가 두 돌쯤, 어머니가 목욕물을 데운다고 준비해 둔 연탄불에 누나가 콱 엎어지는 바람에 얼굴을 심하게 데었다. 4남매 중 제일 똑똑하고 예뻤던 딸의 화상으로 녹아내린 얼굴을 바라보는 어머니의 찢어지는 마음은 어땠을까? 혹시 죄책감이 들지는 않았을까? 나도 부모가 되어 내 아이를 직접 키워보니 그때 어머니 마음의 백 만분의 일쯤은 알 것도 같다.

자라면서 누나는 수십 번의 수술을 했고 또 어머니는 누나를 그늘짐 없이 바르게 키우려고 엄청난 노력을 하셨다. 그래서 우리 집 콩나물과 두부 심부름은 늘 둘째 누나 몫이었다. 하나하나 가르치며 바르게 키우려는 어머니의 노력이었다.

다친 얼굴로 이 세상을 살아가려면 기술이 있어야 한다고 하시며 어머니는 누나에게 치과대학을 권유하셨다. 누나는 그 힘들고 긴 공부를 무사히 마쳤고 서울에서 조그맣게 자기 병원도 차렸다.

개원을 하고 몇 년 후, 누나는 공부가 더 필요하다고 느꼈는지 미국으로 유학을 결심했고 그녀는 홀로 미국행 비행기에 올랐다.

언어의 어려움에 지치고 알게 모르게 인종차별을 받아가며 고단한 유학 생활을 하던 누나는 수업 중 과다하혈로 응급실에 실려 갔다. 하버드 종합병원에서는 긴 회의 끝에 누나의 자궁적출 수술을 결정했다. 서울에서 어머니는 그 수술에 속절없이 동의해야만 했다.

누나는 수술을 무사히 마치고 2년간의 공부도 마친 뒤 다시 한국으로 돌아와 진료를 시작했다. 몇 년 후, 누나의 운명이 바뀌게 되는 학회에 참석하게 되었다. 독일에서 개최하는 그 학회에서 일주일 내내 누나 옆에 앉아 같이 강의를 듣던 스위스 남자에게 마지막 날  데이트 신청을 받았다. 그리고 사귀어 보자는 말도 들었다.

누나는 많이 당황하며 "난 얼굴도 이렇고 아이도 못 낳는 사람이야."라고 말했다. 그는 "난 당신이 좋아. 아픈 얼굴과 당신에게 없는 아기집은 내게 아무런 문제가 되지 않아."라고 답했고 그때부터 그들은 아름다운 연애를 시작했다.

그들은 3년간의 장거리 연애 끝에 서울과 스위스에서 결혼식을 했다. 지금 두 치과 선생님은 스위스에서 아주 잘 살고 있다. 소설 같은 누나의 삶이다.

가끔 어머니는 말씀하신다. 이제는 편하게 눈 감겠다고.

짝꿍, 내 짝꿍

내가 초등학교, 아니 정확하게 말하자면 국민학교 5학년 때의 이야기다.

그 당시에는 한 반에 학생들이 약 70여 명 정도 있었다. 남녀 비율도 얼추 35명씩이었으니 지금과 비교하면 아이들이 참 많았었다.

매 학기 초에는 짝을 정하는 날이 있었다. 한 학기 내내 짝이 되어 옆자리에 같이 앉을 짝을 정하는 시간이니, 긴장도 되고 또 누가 내 짝이 될지 제법 궁금하기도 했다.

선생님께서는 모든 학생을 복도로 내보낸 후 키 순서대로 양쪽으로 남녀 각각 줄을 세우셨다. 그리고 순서대로 한 쌍씩 교실로 들어가면서 짝이 되는 방식이었다.

난 내가 좋아하는 여학생이랑 짝이 되고 싶은 마음에 까치발을 들고 앞에서부터 정성껏 숫자를 세면서 서른 번째쯤에 줄을 섰다. 그러나… 아쉽게도 한 명 차이로 내가 짝이 되고 싶었던 그 여학생은 내 바로 앞 친구랑 짝이 되어 들어가고 난 내가 생각지도 않았던 여학생이랑 짝이 되었다.

한 학기 내내 바로 앞줄에 내가 좋아하는 여학생이랑 짝이 된 친구를 부러워하고, 그 속상함에 괜한 화풀이를 짝에게 했다. 책상을 반으로 나눠서 줄을 긋고 행여나 지우개라도 넘어오면 '기회는 이때다.'하며 그걸 빼앗고 다음 날 쓰윽 돌려주곤 했다.

지금 생각해 보니 그 짝은 참 착했다. 이유도 없이 지우개를 빼앗기고 내 쪽으로 굴러온 연필도 뺏기고 다음 날 돌려받을 때까지 아무 말도 하지 않았다.

짝이 되고 며칠 후 반장선거를 했는데 공교롭게도 우린 반장, 부반장에 뽑혔다. 매주 토요일에 학급회의, 학기 초에 학급 대항 환경미화를 준비할 때마다 참 열심히도 티격태격하며 지냈다.

5학년 2학기 내내 나랑 짝이었던 그 부반장 여학생은 지금 내 평생의 짝꿍이 되었다. 그때 치열하게 싸운 이유 때문일까? 지금껏 살면서 큰 싸움 한번 없이 20년 넘게 아주 잘 살고 있으니 말이다.

두 달간의 한국 출장을 마치고 미국으로 돌아가는 비행기 안에서 아내를 만난다는 설렘이 아직도 있는 걸 보면 인연이란 게 참 대단하고 신기하지 않은가.

이럴 줄 알았으면 그때 좀 더 잘해줄 걸 그랬다.

번개맨 아들

지난 2013년 7월 4일.
우리 가족이 미국에 이민을 간 이듬해 여름이었다.

당시 6살이던 아들에게 캠핑의 재미와 자연을 경험하게 해주려고 미국 독립기념일 연휴 기간을 이용해 야영장을 예약했다. 야영장에 도착해서 여기저기 둘러보니 큰 수영장도 있었고 자연과 잘 어우러져 있는 놀이기구 등 아이들이 좋아할 만한, 여러 즐길 거리가 많이 있었다.
 큰비가 오기 전까지는… 아주 좋았다.

수영을 하는데 갑자기 하늘이 어둑어둑해지더니 비가 한두 방울 떨어지기 시작했고 우리는 서둘러 텐트로 돌아왔다. 아내와 나는 식사 준비를 했고 아들은 텐트 안에서 아이패드로 만화영화를 보고 있었다. 5분쯤 지났을 때 나는 이 세상에서 가장 큰 소리를 들었다.
 눈앞의 나무에 번개가 떨어져 번쩍임과 동시에 어마어마하게 큰 소리가 들렸고 3초 후 텐트 안에서 아들의 비명소리가 들렸다. 근처 나무에 떨어진 번개는 바닥을 타고 아들이 있던 텐트까지 흘러 들어갔다. 그리고는 텐트 안에 펴놓은 에어매트리스를 터뜨리고 아들 손에 있는 아이패드도 터뜨리고 6살 아들의 울음보도 터뜨렸다.

 얼른 달려가 텐트를 열었더니 순간 메케한 연기가 밖으로 확 빠져나오면서 그 안에서 울고 있는 아들이 희미하게 보였다. 그 어린 게 얼마나 놀랐을까. 놀란 마음에 울면서 아빠를 바라보던 아들의 첫마디,
"아빠 나 죽어요?"
"아니, 괜찮아. 걱정하지 마. 울지 마. 아무 일 없을 거야."
 이렇게 달랜 후 텐트에서 아들을 꺼내 그 모습을 보니 참담함에 할 말을 잃었다. 폴리에스터 소재 반바지는 번개에 녹아 아들의 엉덩이 살에 엉겨 붙어 있었고, 터진 에어매트리스 파편은 아들 눈 주위에 붙어 있었으나 다행히 눈은 이상이 없어 보였다.

 우리 부부는 이 아비규환 상황에서 정신없이 아들을 챙기고 있었는데, 주위의 다른 캠핑장 손님들이 신고를 해주었는지 앰뷸런스 헬기가 와주었다. 아들은 헬기를 타고 화상 전문 병원으로 긴급후송 되었다. 헬기 안에서 아들의 손을 잡아주며 나는 오직 한 가지 생각만 했다.
'제발 별일 없기를…'
 아들은 일주일 동안 병원에 입원해서 안과, 비뇨기과, 피부과 선생님들의 치료와 검사를 받고 무사히 퇴원하였다.

 자라면서 번개와 큰 소리에 대한 트라우마를 극복하기 위해

많이 노력했고, 이젠 매년 7월 4일 독립기념일에 엄청나게 터지는 불꽃놀이도 친구들과 함께 즐기는 듯하다.

그 후로 6년 뒤.

내 버킷 리스트 중 하나였던 산티아고 순례길을 가게 되었다. 기대와 두려움을 안고 아내, 그리고 아들과 함께 다녀왔다. 그당시 5학년이었던 꼬맹이를 데리고 매일 25~32km를 어르고 달래며 보름 동안 총 350km를 같이 걸었다.

아내는 좋아했지만, 당시 꼬맹이였던 아들은 이유도 모르고 매일 그 길고 지루한 길을 엄마, 아빠를 따라 걸었다. 어른도 힘든 그 길을 비록 투덜거리기는 했지만 끝까지 같이 걸어준 아들.

그 꼬맹이가 내년이면 대학생이 되어 부모의 품을 떠나게 된다.

일주일 내내 중간고사를 치르고 마지막 날인 금요일 오후, 집에 와서 가방을 던져놓고 덩치가 산만 한 녀석이 아무 말 없이 나를 안아주며 "아빠 사랑해…"라고 말해주고는 방으로 쏙 들어간다.

빡빡한 학교생활, 중간중간 쪽지시험, 그리고 대학입학 준비까지 하느라 몸도 마음도 무척 힘든가 보다.

"아들, 아빠도 많이 사랑해."

이제 몸과 마음 모두 튼튼하게 만들어서 아름다운 나비처럼 훨훨 날아갈 준비를 하렴.

그리고 나

내 나이 마흔, 불혹에는 세상의 모든 유혹을 다 물리치고 살 줄 알았다.

내 나이 오십, 지천명에는 세상의 이치와 하늘의 명을 다 깨닫고 멋지게 살 줄 알았다.

그러나, 아직도 온갖 세상 모든 유혹에 기웃거리며 한 치 앞도 모르며 살고 있다.

삶의 휴식을 찾아 맑은 하늘의 은하수가 보고 싶어서 무작정 남쪽으로 차를 몰고 왔는데 갑자기 하늘에서 눈이 내리더라.

눈을 피해 따듯하게 전복죽 한 그릇 먹으려고 횟집에 들어왔는데 어느새 혼자 도미 회에 소주를 주문하고 있더라.

그래, 너무 잘하려고 애쓰지 말고 그냥 그냥 살자.

흔들리는 갈대처럼,

불혹과 지천명을 마음속에만 담아두고 아직도 좌충우돌 살고 있는 것도 바로 나다.

마당에 흐드러지게 핀 수국을 몇 송이 꺾어 집으로 들고 들어왔다.

넌,
밖에서도 이쁘고
안에서도 이쁘구나.

그런 사람이 되고 싶다.

자기소개가 가장 어렵네요. 글을 쓰고 그림도 그립니다.
안녕하세요. 은리입니다.

각자의 길 위에서, 꼬리를 무는 생각과 불안으로 잠 못 이루는 나와 당신을 위한 이야기를 모았습니다.

수많은 고민, 미래에 대한 두려움, 충족하지 못한 즐거움으로 지새우는 불면의 밤. 혼자가 아니라는 위로와 공감 그리고 응원을 보냅니다. 부디, 숙면하시길.

은리

바이은리 @by_eunlee

우리의 밤을 위해 속삭여요

나른한 세 시
식곤증 / 선잠 / 긴 낮잠, 짜증

외로운 열 시
네가 없는 밤 / 밤, 비 / 애썼어 / 잘 자요 / 일기 / 얄밉게

방황하는 열두 시
속삭임 / 자기비하 / 달 자랑 / 당신에게 갈게요 / 잠투정
바다, 자장가 / 별 편지

선명한 새벽 세 시
밤, 들지 못한 잠 / 쉿 / 체했다 / 흔들림 / 새벽감성 / 잠의 축복
새벽, 단상

꿈
찰싹 / 꿈, 꾸다 / 꿈을 낳아, 낚아 / 몽유도원 / 새벽, 스레드

아침
불면 / 누워서 스레드 / 일어나기 싫다 / 아침바람 / 해랑 살자

나른한 세시

누군가 따뜻한 커피를
책상 위에 올려놓아 둔다면
그 사람을 사랑할 수 있을 것 같다

식곤증

의식이 뜬다
물고기가 되어 흐른다

눈을 감은 채 보고
듣지만 듣지 않고
알지만 알 수 없어

둥둥
떠오를지
가라앉을지

감긴 눈을 다시 감는다

―
선잠

어제와 오늘이
연결되지 않는 수면

말의 사슬에 묶인 마음이
주인 없는 성에 갇혔다

'이유 모를'을 붙이고 싶은
짜증의 화살을 버리고
마른세수를 한다

텁텁해진 혀를
깨우러 가야겠다

긴 낮잠, 짜증

외로운 열시

어쨌든 뜨는 해에
생각 없이 쓸려간 낮

문득,
휴대폰 액정을 쓸다
입술을 깨문다

이젠 이어지지 않는 주파수에
과거의 환청이 들린다
실없는 농담이 허전을 채우는 저녁

오늘은 술에 취한 짧은 밤일까
잠 못 드는 긴 밤일까

네가 없는 밤

반짝임을 찾아
두리번 세리번

달을 따려 까치발을 세우고
별무리에 넋을 잃었다

네온사인에 홀려
모르는 가로등에 채이고
화려한 야경에 얻어맞고

길을 잃었다
길에 누웠다
길을 얻었다

방울방울 눈물들이
반짝인다

밤, 비

조언을 할까
위로를 건넬까
질문을 할까
딴소리를 할까
고민을 하다가

그냥,
너를 안기로 했어
말없이 꼬옥

―

애썼어

내가 나로 있는 긴 낮
네가 너로 있는 긴 밤

겹치는 우리의 새벽
스치는 글자의 향연
헤아려지는 숨소리
보이지 않는 눈 맞춤

낮과 밤의 고단을 쌓아
그대의 시름을 태워
내일을 살게 하는
밤 인사

―

잘 자요

감정을 토하듯
글씨를 쓰며
나와 마주한다

유령처럼 떠도는 불안한 생각
울컥이는 감정이 이름을 찾으면
종이 위에 평안이 찾아온다

넘어가는 해는
글자따라 색을 달리 한다

일기

부산한 눈꺼풀
쌓이는 숨소리
오밀조밀한 입술

꿈을, 꾸나보다

날 두고 먼저
꿈나라에 갔다

보드란 볼을 톡
건드려도 쌕쌕
잘도 잔다

―――
얄밉게

방황하는 열두 시

소란을 잊자

낮을 잊자

어둠이 너를 위한

장막을 치고

포근히 안을 테니

마음을 눕히고

생각을 재우렴

너는 이 밤

편안할 자격이 있다

───

속삭임

시간의 마디마디
불안이 피어올라

민음과 두려움
사이에서
줄타기를 한다

나는 줄이고 광대이며
손에 쥔 부채
또는
맘 졸이는 관객

휘청이는 몸 사위에
시선을 뺏겨
오르내리는 줄끈이
초조하다

바짝 쥔 부채를
믿지 못한 광대는
바닥으로 곤두박질쳐
비웃음을 산다

광대도 나고
관객도 나다

자기비하

휘영청
달 떴나보다
크고 둥근 달
여기저기 마음이 부르다

나는
그대의 사진으로 보고
그대가 적은 글로 보았다

노오란 달이 가득
꿀 같은 옷을 입고
내 마음도 부풀렸다

달 자랑

삶의 계곡 사람 숲에 치여
애쓰며 웃느라 고단했을 당신
머리를 쓰다듬고 지친 몸 보듬어
시름을 잠시 맡아둘게요

차가운 시선의 강물에 숨이 막혀
울음도 토하지 못해 외로웠을 당신
등을 도닥이고 두 뺨을 들어 올려
빗물처럼 흐르는 눈물을 닦아줄게요

길을 알 수 없어 온몸으로 태풍을 견디며
사정없이 흔들려 막막했을 당신
손을 잡고 집으로 데려와
아침 해가 떠오를 때까지 품 안에 안을게요

―――――――――――

당신에게 갈게요

잠을 가져오려 했어
네 머리맡에 놓아두려구

내 잠을 놓고 오고 말았어
잠을 지키는 문지기가
잠들지 못하는 모습이
안쓰러웠어

그러니까
네가 날 재워줘

―――
잠투정

크게 숨을 쉬고
눈을 감아

여긴 바다
너와 내가 자유로워지는 푸른 물이야
맑고 투명한 부유감을 느껴봐
영혼은 무게가 없어

해파리가 되어 달빛을 담아 올게
귀여운 너는 알록달록 열대어가 되어줘
신나게 물살을 가르는 돌고래도 좋아

내게 닿아
깊고 푸른 밤을 유영하자
손끝의 별빛 해파리를 따라와
가장 깊-은 잠을 줄게

바다, 자장가

별을 이 어 본 다

괜찮니
힘드니
화났니
삐졌니
나때문
이니?

선이 맞닿는 곳이 쓸쓸히 빛나고 있어

미안해
용서해
고마워

별이 가득해서 다행이다

별 편지

선명한 새벽 세시

훌쩍
가버린 낮이
마음 한켠의 조각을
가져갔나

퍼즐처럼 맞추어야
잠들 수 있을까

눈 감았다 뜨면
다시 뜰 해

고요함 가운데 홀로
불 밝힌 휴대폰이
달처럼 빛난다

밤, 들지 못한 잠

새벽, 동네 개들이 모다 짖는다

멍멍멍

왈왈왈

워우-워우-

한참 기다려도 그칠 기미 없으면

유튜브를 켠다

호랑이 포효를 검색한다

잠시 감상한다

조용하다

하룻강아지는 범이 무섭다

잠들기 좋은 새벽이다

쉿

진실을 말하면서도 상처 주지 않는 법
따위 난 모르겠다
나는 진실이 뭔지 몰라서
입을 떼기도 무섭다
차라리 말을 먹겠다
꿀꺽

———

체했다

한바탕 휘둘려 제자리
깎여나간 자리가 아파 울지라도
어디를 내어줄지는 너의 마음

다시 보자

어디를 내어주었는가
너는 여전히
온전하다.

흔들림

차분히 가라앉는 생각
어둠을 가르는 바퀴 소리
오리 조명 켜고
생각 물결을 휘젓는다

무엇이 낚여서
종이 위에 널려질까
의욕 없는 네 표정에
글 송사리 떼가 흩어진다

세상에 존재하기 위한 아픔이
오늘은 견딜만하고
잃어버린 내면 아이가 없어
쓸 말이 건져지지 않는다

이해와 공감의 거리를 평행선으로 만들고
헤매이다가
나 아직 철들지 못함에 피식

새벽감성

숫자일 뿐이야
4:44
수면의 포옹이 그리워 애를 쓰고
오늘의 태동에 절망하는

긴 잠을 위해
잠자는 공주의
100년 저주라도 기꺼운 너

용이 되어 널 깨우러 오는
왕자를 물리쳐 줄게

깊은 잠을 위한
요정 대모들을 부르자
찰리, 바닐라, 로라

널 위한 물레를
만들고 싶어

잠의 축복

저마다 소란스러움으로
잠들지 못하는 밤
아, 그대여
부른들
당신도 모르시겠죠
별빛 달빛 깊고 환해
낮인가 착각한 새가
호득 날아오르다 말고
나는 웃고
잠은 됐고
혼자가 외롭지 않은
어둠 속 흰 창
그대 사람이라
사랑스럽다
부디
잠들도록 입맞춤을

새벽, 단상

꿈

길을 찾지 않아도

눈 감아

나는 네 곁에

기차 탈 줄 몰라도

꿈 따라

나는 네 곁에

긴 밤이 짧아도

마음아

나는 네 곁에

찰싹

몽글몽글 꿈이
포롱포롱 솟아오른다

소박하고 커다랗고
용감하고 아름답고
귀엽고 다정하고

소중한 꿈들이
아롱다롱 엮여서
자신의 길을 따라
저 먼 세계로

꿈의 주인을 위한
선물을 가져오려
두둥실 날아간다

꿈, 꾸다

어쩌면,

빅뱅의 순간

한 우주가 생겨나듯

꿈의 시작은

한 마음의 폭발

어느 삶의 재탄생

순간에서 태어나

자유롭게 유영하는 물고기가

연어가 될지 고래가 될지

알 수 없지만

세상을 바다 삼아

꿈을 헤엄치게 하는

나는

무엇을 낚고 싶은 걸까

꿈을 낳아, 낚아

그곳은 분홍 달이 뜨고
무지갯빛 폭포가 흐르며
발걸음마다 빛이 따라붙는
바람마저 달콤한 환상의 땅

긴 머리 풀고
별빛 노니는 호수에서
유영하다 보면
깊은 현자의 지혜가
핏줄을 타고 흐른다

진리의 끝자락을 맛본 희열이
찰나지간이라
움켜쥐려 손을 뻗으면
순간에 부서지니

그대 부디 조심하길

몽유도원

하지 않았던 일
타인의 눈으로 세상을
바라보는 일

복잡미묘한 기분으로
가볍지도 무겁지도 않게

완벽할 수 없지만
건성으로 하지 않아

너의 밤을 살짝 엿볼게
허락해 줘서 고마워

새벽, 스레드

아
침

먹물이
춤추던 밤을 지나
햇살에 밀려 어거지로
사라지고
밝은 볕 앞에
지친 동공만 멍하니 떠 있다

나아가리라
앞으로 나아가리라
했던 시간은 어디 가고
받은 빛만큼 짙어진
어두움이 넘실넘실
놀아달라 떼를 쓴다

그래 놀자
나오너라 했더니
막상 부끄러운가
산산히 발화할 것 같은
나를 놀리는가
조용히 수그러듦에
기가 찬다

불면

맑은 하늘 슬쩍 보고
이불 속에 스르륵
오늘은 게으를 테다
누구는 버섯을 굽고
찻잔과 온기를 나누고
귀여운 냄비를 사고
동시를 읊었다
누구는 해변에 글을 쓰고
생일 축하를 받고
새해를 다짐하고
조개구이를 먹는다
귀여웠다가
즐거웠다가
반가웠다가
감동했다
이불 속에서 다 했다
나는
오늘은 게으를 테다

———

누워서 스레드

해를 넣어줘
어둠 아래서
마냥 즐겁던
나를 위해서

더긴 새벽을
좀더 붙잡아
이불 아래서
숨바 꼭질을
할수 있도록

일어나기 싫다

마음이 나타났다 사라졌다
우주가 나타났다 사라졌다
생각의 흔들 그네 안에서

자꾸 네 생각을 하다가
세상을 일으켰다 무너뜨리고
사라진 오아시스를 찾게 하는
신기루처럼 아득한 아침에

불어오는 바람 따라 흔들흔들
왔다 갔다 은율에
몸을 맡기니
네 생각이 나를 잠재운다

어제는 폭풍이었는데
오늘은 산들바람인가 한다

아침바람

해의 기운으로
해와 같이
해의 운율로 하루를 살자

해가 지고 밤이 오면
고요히 소멸하자

다시 내일
해와 같이 태어나자

―――――
해랑 살자

새로운
소식이
있나요?

초판 1쇄 발행 2024. 10. 24.

지은이 석, 백진경, 유재옥, 유형훈, 최훤누리, 박락준, 은리
펴낸이 김병호
펴낸곳 주식회사 바른북스

편집진행 황금주
디자인 김민지
표지 일러스트 유후

등록 2019년 4월 3일 제2019-000040호
주소 서울시 성동구 연무장5길 9-16, 301호 (성수동2가, 블루스톤타워)
대표전화 070-7857-9719 | **경영지원** 02-3409-9719 | **팩스** 070-7610-9820

•바른북스는 여러분의 다양한 아이디어와 원고 투고를 설레는 마음으로 기다리고 있습니다.
이메일 barunbooks21@naver.com | **원고투고** barunbooks21@naver.com
홈페이지 www.barunbooks.com | **공식 블로그** blog.naver.com/barunbooks7
공식 포스트 post.naver.com/barunbooks21 | **페이스북** facebook.com/barunbooks7

ⓒ 석, 백진경, 유재옥, 유형훈, 최훤누리, 박락준, 은리, 2024
ISBN 979-11-7263-824-5 03810

•파본이나 잘못된 책은 구입하신 곳에서 교환해드립니다.
•이 책은 저작권법에 따라 보호를 받는 저작물이므로 무단전재 및 복제를 금지하며,
이 책 내용의 전부 및 일부를 이용하려면 반드시 저작권자와 도서출판 바른북스의 서면동의를 받
아야 합니다.